Amelie und Hendrik Blomberg

The Boarding School

Laura Ashton's Erziehung

Schweitzerhaus Verlag

Schrift * Wort * Ton
Karin Schweitzer

Frangenberg 21 * 51789 Lindlar * Telefon 02266 47 98 211
eMail: mail@schweitzerhaus.de

Satzlayout und Umschlaggestaltung: Karin Schweitzer, Lindlar

Besuchen Sie uns im Internet: www.schweitzerhaus.de
Auflage 2019
ISBN: 978-3-86332-051-5

Inhalt

Stück in drei Akten

Angelehnt an den englischen Roman von
Emily Tilton mit dem Titel
The Duke's School for Young Ladies
(als E-Book erhältlich und sehr empfehlenswert -
Hendrik Blomberg)

Personen:

Lord John Ashton, Mitglied des Oberhauses
Mary MacFarlane, zukünftige Lady Ashton
Laura Ashton, Tochter von Lord Ashton
Betty Lengers, Gouvernante bei Lord Ashton
Lord Hilbert Westenbury, Director of the Boarding-School
Madame Celine de Méricourt, Principal of the Boarding-School
Miss Halton, Studienrätin, Erzieherin
Referend Edwin Elsworth. Suffraganbischof von Southwark
Lady Emily Wellington
Lord Haydon Seymore, Earl of Stufford

1. Akt

Ashton House in Richmond
August 1889

«Betty! Haben Sie den Gärtnern Bescheid gesagt, dass der Rasen bis zum Ufer der Themse gemäht werden muss?»

«Ja. Sir. Sie werden morgen beginnen. Der Footman und der Kutscher werden auch die Steinplatten auf der großen Veranda ausbessern und putzen - und Isabelle und Ann haben heute angefangen, die großen Fensterflügel vom Salon zu reinigen und die Blumenbeete zu säubern. Ich habe, wie gewünscht, den Maler bestellt, der nächste Woche die Hausfront an der Zufahrt in hellem Creme neu streichen wird.»

«Ein altes Haus ist eine Last. Immer muss renoviert werden.»

«Sir. Ihr Haus ist eines der schönsten klassischen Herrenhäuser in Richmond. Alle Besucher bewundern es immer wieder.»

«Ist gut, Betty. Danke. Kommen Sie zu mir. Es ist spät und der Tag war anstrengend.

«Sir. Rauchen Sie eine Zigarre und ich bringe Ihnen einen Scotch. Ich werde für Ihre Entspannung sorgen.»

«Oh, Betty, Sie machen das wunderbar. Es ist immer wieder ein beglückender Moment, Sie so an meiner Seite zu haben.»

«Sir. Genießen Sie meine liebevolle Hand. Ich liebe Eure starke Männlichkeit.»

«Ach, tut das gut. Die Sitzung im Oberhaus

war wieder dermaßen langweilig, dass ich die ganze Zeit an Sie denken musste.»

«Danke Sir! Entspannen Sie sich bei mir. Hier bin ich nur für Sie da.»

«Das weiß ich zu schätzen, Betty.»

«Sir. Darf ich Ihnen etwas Wichtiges sagen?»

«Oh. Machen Sie weiter und erzählen Sie.»

«Sir, ich habe eine sehr brisante Entdeckung gemacht. Es betrifft ihre Tochter.»

«So. Was hat sie angestellt.»

«Ich habe jetzt das dritte Mal durch den großen durchsichtigen Wandspiegel in ihrem Zimmer beobachten können, wie sie nackt auf ihrem Bett lag, die Beine weit gespreizt hatte und sich selbst befriedigte.»

«Dieses Luder. Sie sollten sie züchtigen.»

«Sir. Das habe ich. Letzte Woche habe ich sie schon einmal erwischt und ihr ein halbes Dutzend mit dem Stock auf den blanken Hintern gegeben. Ich hatte ihr ausdrücklich gesagt, dass sich das nicht für ein junges Mädchen gehört und sie es nie mehr tun soll. Sie hätte es lernen müssen.»

«Sehr gut. Geben Sie ihr nochmal ein heftiges Spanking. Sie sind die Gouvernante. Aber geben Sie ihr dann ein Dutzend.»

«Sir. Dazu habe ich eine Bemerkung zu machen, wenn Sie erlauben.»

«Bitte. Streicheln Sie ruhig mein Glied weiter. Es macht Spaß, sich mit Ihnen so zu unterhalten.»

«Sir. Ihre Tochter ist jetzt in einem Alter, wo sie das Verlangen ihres Körpers spürt. Und sie hat, so wie ich festgestellt habe, sehr großes Verlangen.»

«Das hat sie von mir. Hoho.»

«Ja. Das denke ich auch. Sie hat eine sehr ausgeprägte Libido und ihr Körper verlangt schon eine regelmäßige Befriedigung. Sie hat einen wunderschönen gut gewachsenen Körper und richtig große Brüste für ihr Alter.»

»Ja. Hab ich mir auch schon gedacht. Regelmäßige Befriedigung bekommt sie nur in einer Ehe. Sie sollte verheiratet werden.»

»Ja, sie braucht einen Mann, der sie am besten regelmäßig jede Nacht her nimmt.»

«Der sie fickt, meinen Sie.»

«Ja, Sir. Sie muss regelmäßig genommen werden. Das braucht eine junge Frau. So, wie ich ja auch und ich bin Ihnen unendlich dankbar, dass ich dreimal die Woche bei ihnen sein darf.»

«In den anderen Nächten, die ich nicht mit Ihnen verbringen kann, habe ich halt wichtige gesellschaftliche Verpflichtungen, der Madison Club, das Oberhaus, Einladungen zu Empfängen und mein Reitclub.»

«Ich weiß, Sir. Ich bin Ihnen auch unendlich dankbar, dass Sie mich als Gouvernante bei sich aufgenommen haben, um Ihre Tochter zu erziehen und ich gleichzeitig Ihre Geliebte sein darf.»

«Nach dem Tod meiner Frau und nachdem meine älteste Tochter verheiratet worden ist, brauchte ich eine Frau für die Lust an meiner Seite. Sie waren mir empfohlen worden.»

«Ja. Sir. Von Lord Westenbury, bei dem ich zur Gouvernante ausgebildet worden bin. Aber ich kann nur die Frau an Ihrer Seite im Bett sein. Ich wäre keine standesgemäße Frau für Sie, Lord Ashton. Ich weiß das. Was Sie brauchen, wäre wieder eine standesgemäße Frau adliger Herkunft, die Sie zu den hohen gesellschaftlichen Anlässen begleiten kann. Eine junge Ehefrau, die Ihnen vielleicht doch noch den Wunsch nach einem Sohn erfüllen kann. Ihr seid fünfzig Jahre alt, ihr seid groß, schlank und seht mit eurem dichten dunklen Haar und den angegrauten Schläfen unheimlich gut aus. Ihr seid sehr potent, Ihr habt eine starke Libido und ein grenzenloses Verlangen. Sie können mich manchmal mehrmals täglich beglücken. Sehen Sie Ihre überwältigende Männlichkeit an, die so dick ist, dass ich sie kaum umfassen kann. Diese Manneskraft, die darin steckt, die braucht eine junge hübsche Ehefrau, die Sie damit beglücken können. Sie haben die Kraft, die Stärke und die Ausdauer, um einer gehorsamen Ehefrau einen Sohn zu machen.»

«Ja, Sie haben ja recht.»

«Ich weiß doch, welch großes Verlangen Sie immer wieder haben. Sie wären in der Lage, nicht nur eine Ehefrau zu befriedigen, sondern sie auch mehrmals täglich als junge Braut zu befruchten.»

«Und Sie? Wären Sie nicht eifersüchtig?»

«Nein, Sir. Ich weiß, wie sehr Sie sich immer einen Sohn gewünscht haben. Sie sollten Ihre besten Jahre nutzen und eine Ehefrau schwängern, damit sie Ihnen einen standesgemäßen Nachfolger schenken kann. Ich weiß, dass Sie in der Lage wären, eine fruchtbare junge Ehefrau sehr schnell zu schwängern. Ich würde Sie darin unterstützen, auch wenn ich vielleicht dann nur das eine oder andere Mal von Ihnen beglückt würde. Aber nachdem Sie sie geschwängert haben und sie während der Schwangerschaft geschont werden muss, würde ich Ihnen in der Zeit selbstverständlich zu all den Formen der Befriedigung, die Sie wünschen, zur Verfügung stehen.»

«Danke, liebste Betty. Ja, ich denke, dass ich genügend Samen in meinen Eiern habe, um eine Ehefrau zu schwängern.»

«Sir. Darf ich etwas Unanständiges sagen?»

«Na, was denn?»

«Ich weiß, welche Kraft in Ihrem steifen Glied steckt und welche Menge an Samen Ihr ausstoßt, wenn Sie in meinen Mund kommen. Mit dieser voluminösen Menge, tief im Innern der engen Vagina einer jungen Braut, könnten Sie ihr auf jeden Fall einen Sohn machen. Noch ist es nicht zu spät.»

«Das ist sehr generös, Betty. Aber Sie wissen doch, ich habe auch sehr ausgefallene Bedürfnisse. Nicht nur der reine Liebesakt befriedigt mich.»

«Ich weiß, Sir. Sie lieben die Reitgerte. Sie züchtigen mich, legen mich übers Knie und erfreuen sich an meinen Lustschreien.»

«Betty! Sie kennen meine Passion. Eine Frau muss Disziplin spüren. Nur dann herrscht Harmonie und das macht mich glücklich. Ihre Lustschreie, liebe Betty, versetzen mich immer wieder in eine solch große Erregung, die meine Manneskraft wachsen lässt, dass ich Ihnen meine ganze Zuneigung sichtbar zeigen kann.»

«Sir. Es beeindruckt mich jedes Mal, wenn ich die Größe Ihrer Zuneigung sehen und auch spüren darf. Ich bin Ihnen dankbar, dass Sie mir mit einem Spanking den rechten Weg weisen, wie ich

Ihnen dienen kann. Unter Ihrer Reitgerte spüre ich hautnah ihre gewaltige Dominanz, die die große Lust in mir erzeugt, Ihnen noch mehr zu dienen. Sie sind ein sehr erfahrener Mann, der es perfekt versteht, mit diesem Lustinstrument die Gefühle einer Frau sichtbar zu machen. Sie beherrschen es, eine Frau rücksichtsvoll, aber konsequent zu ihrem Glück zu führen. Ich bin überzeugt, dass Sie befähigt sind, in der gleichen Art und Weise auch eine Ehefrau zu deren Glück zu führen. Allein mit der Ausstrahlung Ihrer Dominanz könnten Sie eine Ehefrau in Ihrem Sinne erziehen.»

«Genau da sehe ich ein großes Problem. Insbesondere, wenn sie standesgemäßer Herkunft ist, ich gegebenenfalls sogar mit der Familie befreundet bin und sie ein verzogenes Ding ist, dann erzeugt das riesige Schwierigkeiten. Selbst mit der Peitsche kann das Jahre dauern. Das ist auch der Hauptgrund, was mich davon abhält, richtig zu suchen. Aber, jetzt haben Sie mich richtig geil gemacht. Los, ich will Sie ficken. Gehorchen Sie dem Lord. Bücken Sie sich, Sie erhalten drei Hiebe mit der Gerte zur Vorbereitung.»

«Ja. Sir. Danke, Sir.»

*

«Ach Betty, ich bin ganz erschöpft! Das war ein wunderbarer Fick.»

«Danke, Sir, dass Sie mich gepeitscht und gefickt haben!»

«Betty! Es erfreut mich jedes Mal, wenn ich diese Dankesformel aus Ihrem Mund höre. So will ich sie hören. Küssen Sie mich!»

«Sir? Ich möchte nochmal auf Ihre Tochter zusprechen kommen, wenn Sie erlauben?»

«Ja. Hmm. Einen Mann für sie zu finden wird schwer sein. Ich habe keine Lust, meine Tochter auf Debut-Bälle zu begleiten und mich zu langweilen.»

«Ich hätte da eine Idee.»

«Nanu. Was denn?»

«Ich bin doch, bevor ich zu Ihnen kam, im Hause von Lord Westenbury zur Gouvernante ausgebildet worden.»

«Ja, er hat Sie mir wärmstens empfohlen. Bin ihm dankbar.»

«Sir Westenbury betreibt in seinem Old Gangers Hill Estate eine Boarding School, südlich von Woldingham, einsam am Fuß der Surrey-hills gelegen. Ein Internat für wenige ausgesuchte adlige junge Damen.»

«Ja, hab ich schon mal gehört. Ich glaube, er hat es damals im Club erwähnt, als er mir Sie, liebe Betty, empfohlen hat.»

«Sir. Ich weiß, dass Lord Westenbury Sie überzeugen konnte, mich als Gouvernante einzustellen, weil er Sie wissen ließ, dass ich von ihm mit strenger Disziplin ausgebildet worden bin.»

«Ja, das stimmt. Das klang gut und überzeugte mich.»

«Sir. Eigentlich darf ich nicht darüber sprechen. Lord Westenbury betreibt eine Art Heiratsvermittlung. Sehr erfolgreich, Sir. Seine *Boarding School* ist sehr speziell.»

«Nun sagen Sie schon. Was ist das für ein Internat?»

«Die Boarding School ist in einem Flügel des Old Gangers Hill Estate untergebracht und wird von einer Madame Celine de Méricourt aus Frankreich geleitet. Sie bildet für den Lord ausgesuchte junge Damen zu Frauen aus, die er an eine sehr exklusive Klientel als Ehefrauen vermitteln kann. Ab und zu hörte ich auch die Bezeichnung *The Lords Reparatory Academy for Young Ladies*.»

«Oho. Vorbereitungs-Akademie. Wie klangvoll.»

«Dieses Internat ist in wenigen ausgesuchten Adelkreisen dafür bekannt, dass es heiratsfähige Mädchen vermittelt, die mit strenger Disziplin zur Devotion erzogen werden. Lord Westenbury lässt interessierte Herren wissen, dass seine Schülerinnen durch eine strenge körperliche Disziplinierung zu zukünftigen hingebungsvollen Ehefrauen erzogen und sensibilisiert werden.»

«Betty. Das klingt interessant.»

«Sir. Aus meiner Erfahrung und was ich dort gesehen habe, denke ich, dass Ihre Tochter dort gut aufgehoben wäre und Lord Westenbury sicher einen adäquaten adligen Ehemann sehr schnell für sie finden könnte, Sir! Ich musste mich verpflichten, niemals etwas über die Erziehung der jungen Damen an Außenstehende weiterzugeben.»

«Aha. Erzählen Sie.»

«Madame Celine ist eine strenge Leiterin. Von ihr bin auch ich während meiner Zeit der Ausbildung zur Gouvernante mit Disziplinierung erzogen worden.»

«Sie?»

«Ja, Sir. Lord Westenbury bildet in seinem Institut auch immer eine junge Gouvernante aus. So, wie mich. Sehr oft habe sogar ich in dem Jahr von Madame den Stock oder die Peitsche bekommen. Sie ist sehr streng.»

«Warum?»

«Sir. Ich weiß nicht, ob ich es sagen darf.»

«Nun erzählen Sie schon. Sonst werde ich Sie züchtigen. Das will ich jetzt von Ihnen hören.»

«Nun ja. Ich musste auch öfter Lord Westenbury dienen.»

«Haha. Dieser kleine Lüstling. Klar, dass er Sie mir nicht nur als Gouvernante empfohlen hat, sondern auch durchblicken ließ, dass Sie sehr devot sind und eine strenge Hand gebrauchen können. Was sich auch zu meiner Zufriedenheit herausstellte.»

«Sir. Ich bin dankbar, von Ihnen zu hören, dass Sie mit mir zufrieden sind. Lord Westenbury und Madame Celine können eine Reitgerte sehr überzeugend handhaben.»

«Was ist das für eine Frau. Diese Madame Celine?»

«Madame Celine ist geborene Französin. Immer sehr elegant in neuester Robe aus Paris gekleidet. Außerhalb des Hauses tritt sie hochgeschlossen auf und hat ihre langen schwarzen Haare schick hochgesteckt. Aber innerhalb des Hauses trägt sie verführerische figurbetonte Kleider mit teilweise extrem gewagten Dekolletés, die ihren großen Busen kaum bedecken. Sie mag es, so in der Schule vor den Damen aufzutreten. Sie ist sehr energisch, sehr belesen und drückt sich immer sehr gewählt aus. Sie ist eine beeindruckende Persönlichkeit. Lord Westenbury legt ja auch Wert auf höchstes Niveau.»

«Und Sie meinen, das ist das richtige Institut für meine Tochter?»

«Ja, Sir. Davon bin ich überzeugt. Die Leiterin, Madame Celine ist sehr erfolgreich und ich habe mitbekommen, dass sie etliche junge Damen an hochrangige adlige Herrn aus dem In- und Ausland vermittelt hat.»

«Sie meinen also, diese Madame Celine könnte einen Ehemann adliger Herkunft für meine Tochter finden?»

«Ja, Sir. Das ist sicher. Ich würde empfehlen, dass Sie sich mit Madame de Méricourt einmal unterhalten.»

«Gut. Sie haben Kontakt zu ihr?»

«Ja, Sir. Sie ist einmal im Monat in London.»

«Dann laden Sie sie zu einem Gespräch ein. Ich will Nägel mit Köpfen machen.»

*

«Madame de Méricourt, ich danke Ihnen, dass Sie unserer Bitte zu einem Gespräch über die Zukunft meiner Tochter gefolgt sind. Ich darf Sie doch zum Tee einladen? Wir haben auch schottisches Gebäck vorbereitet.»

«Danke. Lord Ashton. Nennen Sie mich nur Madame Celine. Das macht es einfacher. Darf ich Sie zu Ihrem wunderschönen Anwesen beglückwünschen? Diese Aussicht vom Salon auf das Ufer der Themse ist einmalig.»

«Es ist seit langem im Besitz unserer Familie. Mir gefällt es hier draußen auch wesentlich besser als in London. Nehmen Sie doch bitte Platz. Betty servieren Sie den Tee und stellen Sie das Gebäck auf den Tisch.»

«Sir. Ich sehe mit Freude, dass Betty Ihnen zu Ihrer Zufriedenheit dient.»

«Ja. Ich danke Lord Westenbury für die Empfehlung damals. Sie dient mir in jeder Hinsicht. Nicht nur als unsere Gouvernante, sondern auch mir persönlich.»

«Dazu ist sie bei uns ausgebildet worden. Sir! Betty! Ein Kompliment zu Ihrem Kleid. Sehr schick.»

«Danke, Madame. Es ist von Charles Frederic Worth. Lord Ashton hat es aus Paris kommen lassen.»

«Sie sehen hinreißend aus. So gar nicht wie eine Gouvernante.»

«Es ist der Wunsch von Lord Ashton.»

«Das begrüße ich, dass Sie sich seinen Wünschen fügen. Aber, MyLord. Da ich nicht lange verweilen kann, möchte ich direkt zum Thema kommen. Betty hat mich umfassend informiert. Sie möchten, dass wir die Schwierigkeiten, die Ihre Tochter mit dem Erwachsenwerden hat, in die richtigen Bahnen lenken, um einen honorablen Ehemann für sie finden zu können.»

«Ja, das möchte ich. Zumal wir gewisse pikante Vorkommnisse festgestellt haben, die Laura mit dem Erwachsenwerden hat.»

«Betty hat mich darüber informiert. Ein solches Verlangen ist in diesen jungen Jahren sehr oft der Fall und nicht ungewöhnlich. Es ist bei den jungen Mädchen unterschiedlich mehr oder weniger ausgeprägt. Die gesamtheitliche Erziehung in unserem Institut ist darauf ausgerichtet, dies in die notwendigen Bahnen zu lenken, damit sie eine attraktive Frau und eine gehorsame Ehefrau wird, die für einen Mann keine Wünsche offen lässt. Allerdings ist die Vermittlung von gewissen Kriterien abhängig. Unser Institut hat in bestimmten Kreisen einen ausgezeichneten Ruf und dies möchten wir nicht gefährden. Dürfte ich gleich zu Beginn Ihre Tochter anschauen?»

«Betty, holen Sie Laura, damit sie sich Madame Celine zeigen kann.»

«Laura, mach einen Knicks und reich Madame de Méricourt die Hand.»

«Aha. Das ist also Ihre Tochter, Lord Ashton. Ein bezauberndes Mädchen. Ein hübsches Gesicht. Wie alt ist sie?»

«Sie ist letzten Monat achtzehn Jahre alt geworden.»

«Sie ist sehr schön. Wunderschönes blondes Haar. Haben Sie es hochgesteckt, Betty?»

«Ja, Madame.»

«Sie ist sehr schlank. Alle Achtung, eine ansprechende Figur, sehr schlanke Taille. My Lord. Dürfte ich Sie bitten, von Ihrer Tochter zu verlangen, dass sie sich ganz entkleidet, damit ich sie kurz untersuchen kann? Sie sollten wissen, ich bin examinierte Krankenschwester und habe auch medizinisches Wissen studiert. Die körperliche Gesundheit der uns anvertrauten jungen Damen ist unser oberstes Gebot.»

«Laura, zieh dich aus! Betty helfen Sie ihr!»

«Sie ist sehr schön. Sehr schlank, Sir. Das ist gut. Betty, bitte drehen Sie sie um und beugen Sie sie ganz hinunter.

Halten Sie sie still, ich möchte Ihre Gesundheit prüfen.

Sei still, Laura!

Halten Sie sie fest, Betty! Ich muss tiefer fühlen!

Ja, gut. Sie kann sich anziehen und gehen.»

«My Lord! Ich bin von Ihrer Tochter angetan. Ich glaube, sie eignet sich für unsere Vermittlung. Sie ist gesund, sehr schlank, hat schöne Brüste und zierliche Lenden und ist, wie ich festgestellt habe, sehr leicht erregbar. Das ist außergewöhnlich ausgeprägt bei Ihrer Tochter. Sie sollte wirklich in allernächster Zeit verheiratet werden. Sonst könnte sich ihre Lüsternheit zu ihren Ungunsten entwickeln.»

«Ja. Diese Sorge habe ich auch. Dann meinen Sie, Sie können das in den Griff bekommen und einen guten Ehemann für sie finden?»

«So einfach ist das nicht, Sir. Ich will Sie informieren. Unsere Klientel von Männern, die eine Ehefrau suchen, besteht aus sehr honorigen Gentleman aus dem hohen Adel. Es sind Männer, die keine junge Braut auf die Schnelle suchen und mühsame erste Jahre der Eingewöhnung der Braut an eine Ehe wollen.»

«Aha. Was suchen diese Herren?»

«Es sind durch die Bank adlige Gentleman mittleren Alters, die in der Blüte ihres Lebens stehen, sehr erfolgreich und dementsprechend gut situiert sind. Entsprechend ihrer Herkunft und ihres Standes und da sie in der Regel vorhaben, ein zweites oder drittes Mal in den Stand der Ehe zu treten, stellen sie äußerst anspruchsvolle Anforderungen an eine Ehefrau, die ihnen nicht nur gesellschaftlich in der Öffentlichkeit als eine junge schöne und äußerst attraktive Ehefrau begleiten soll. Unsere Ehekandidaten erwarten eine Ehefrau, die ihnen auch eine umfassende Erfüllung ihrer persönlichen Wünsche ermöglicht.»

«Ja, ja. So soll es auch sein. Das verstehe ich.»

«Nun, Sir. Lassen Sie es mich offen aussprechen. Ein Gentleman, dem wir eine unserer Damen als Ehefrau empfehlen, erwartet, dass sie ihm von Anbeginn an auch alle Variationen des Liebeslebens bieten kann. Dazu bedarf es einer entsprechenden Ausbildung.»

«Ho, ho. Alle Variationen?»

«Ja. Sir. Diese Männer haben sehr, sehr hohe Ansprüche, die weit über das Normale hinausgehen. Sie erwarten, dass sie keine Zeit verschwenden müssen, ihre Ehefrau erst zeitraubend zu bestimmten Erfüllungen ihrer Wünsche erziehen müssen.»

«Sagen Sie mir offen und frei, was diese Männer erwarten.»

«Sir, wie gesagt. Unser Institut hat sich darauf spezialisiert ausschließlich Ehefrauen für Gentleman zu bieten, die außergewöhnliche Erfüllung suchen. Die sich junge Ehefrauen wünschen, die sich ihrer Anmut und ihres Körpers bewusst sind und wissen, wie sie mit ihrer Schönheit ihrem Gatten höchste Befriedigung ermöglichen können. MyLord, wir sind keine der üblichen Boarding Schools, die zwar auch mit disziplinarischer Strenge über einen langen Zeitraum erziehen, sondern eine Schule, die jungen Damen auf ganz bestimmte Erwartungen ihrer zukünftigen Ehemänner vorbereitet. Darüber hinaus sind es Gentleman, die eine gewisse Belastbarkeit und besonderen Gehorsam der Ehefrau voraussetzen, die es ihr ermöglicht, geforderte Belastungen zu erdulden und freudig anzubieten.»

«Wie soll ich das verstehen?»

«Sir. Alle diese Gentleman sind passionierte Reiter und die meisten haben eigene Gestüte und züchten selbst. Sie wissen, wie man junge Stuten zureitet und zähmt - und sind in der Handhabung der Reitgerte geübt.»

«Oh. Das heißt, diese Gentleman verlangen Disziplin.»

«Sir. Wir vermitteln nur an Gentleman, die es gewohnt sind und es auch voraussetzen, dass sie ihre Ehefrauen streng disziplinieren können. Wenn Sie verstehen, was ich meine.»

«Ich versteh Sie.»

«Die Tugend des Gehorsams ist besonders für die jungen Ehefrauen von großer Bedeutung. Verfehlungen und Ungehorsam müssen erkennbare Sanktionen, also eine Bestrafung nach sich ziehen. Wir Pädagogen, die die jungen Damen zu Ehefrauen ausbilden, sind für eine maßvolle Züchtigung bei Ungehorsam, um sie auf die hohen Ansprüche ihrer zukünftigen Ehemänner vorzubereiten. Für unsere Klientel ist das Mittel der körperlichen Disziplinierung zur Aufrechterhaltung der Harmonie in der Ehe von grundsätzlicher Bedeutung.»

«Es sind Herren, die ihre Ehefrauen spanken wollen.»

«Sir. Sie sprechen es äußerst offen aus. Sagen wir so. Ich will auch sehr offen zu Ihnen sein, weil wir uns nur auf diese Klientel beschränkt haben. Es sind Männer, die sich ihrer Dominanz bewusst sind und wollen, dass sie eine Ehefrau haben, die vom ersten Tag an die Dominanz ihres Gatten anerkennt. Sie setzen voraus, dass die zukünftige Ehefrau ausgebildet ist, regelmäßige, belastende Disziplinierungen durch körperliche Züchtigung zu erdulden.»

«Oh. Ich muss Luft holen.»

«Dazu und zu einem umfassenden Wissen, wie eine Ehefrau die Erwartungen ihres Gatten in der Liebe befriedigen kann, würden wir Ihre Tochter ausbilden - und wenn sie soweit ist, einem geeigneten Aspiranten vorstellen.»

«Aber meine Tochter ist Jungfrau.»

«Sir! Darauf legen unsere Gentleman keinen Wert. Vielmehr erwarten sie, dass die Ehefrau in alle Variationen des Liebesspiels eingeführt und auch gewisse Praktiken beherrscht, damit sie sich nicht der Mühe unterwerfen müssen, die Ehefrau erst langwierig entsprechend ihren Wünschen zu erziehen. Lord Westenbury würde eine Defloration mit aller Rücksicht vornehmen, um eine entsprechende Erziehung beginnen zu können. Es ist auch für ein unberührtes junges Mädchen besser, wenn die Defloration von einem verantwortungsvollen fremden Mann durchgeführt wird und nicht vom Ehemann. Sir, Sie möchten von mir aufrichtige Worte hören. Unser Klientel legt vordergründig Wert auf einen schönen schlanken Körper der Ehefrau mit einem zierlichen, knabenhaften Po, der mit Striemen veredelt werden kann und sie legen Wert auf den anerzogenen Gehorsam, auch damit zu dienen. Daher liegt insbesondere die Ausbildung zur widerspruchsfreien Akzeptanz des analen Verkehrs, Lord Westenbury am Herzen.»

«Hmm. Ich muss schmunzeln, Madame. Wie ich vernehme, wissen Sie um die exquisiten Bedürfnisse aufrechter Männer.»

«Sir. Es ist ein zu respektierendes Bedürfnis. Alle unsere Gentleman erwarten nicht nur, mit einer neuen jungen Ehefrau den analen Verkehr zu vollziehen, sondern sie verlangen von Anbeginn an, ihn widerspruchsfrei praktizieren zu können. Genauso, wie sie erwarten, dass die neue Ehefrau zu perfekten oralen Verkehr ausgebildet ist.»

«Madame! Sie sagen mir da aber Sachen!»

«Sir. Wir hatten am Anfang des Gesprächs vereinbart, sehr offen miteinander reden zu können. Ich will auch nicht lange darum herumreden, was die Gentleman bei uns erwarten. Dazu muss man eine junge Dame erst erziehen und wir sind da sehr erfolgreich. Ich glaube, auf dem letzten Empfang bei Lord Westenbury in seinem Londoner Domizil, bei dem Sie anwesend waren, haben Sie Lord Wellington mit seiner neuen jungen

Frau gesehen und ihnen die Hand geschüttelt. Ich erinnere mich gut daran. Lady Wellington ist auch von uns an Lord Wellington vermittelt worden.»

«Ich bin sprachlos. Lady Wellington. Wunderschöne junge Frau. Sie sah so glücklich aus. Und die ist zur Disziplin erzogen worden?»

«Lord Wellington setzte voraus, eine Ehefrau zu erhalten, die regelmäßig mit Disziplinierung darauf aufmerksam gemacht werden kann, wie sie für Harmonie in der Ehe sorgt. Sie ist glücklich, davon können sie ausgehen. Eine andere Referenz ist ihr Kollege im Oberhaus, Lord Whitney, der Earl of Branborough. Seine Frau haben wir ihm vor zwei Jahren vermittelt.»

«Ach, der alte Whitney. Und ich habe mich gewundert, woher er diese junge hübsche Ehefrau hat. Der war vorige Woche hier mein Gast zu einer traditionellen Fuchsjagd. Seine Gattin war dabei und weilte mit den Frauen der anderen Männer hier im Haus. Bildhübsche Frau. Das hätte ich jetzt nicht gedacht, dass sie von Lord Westenbury ausgebildet worden ist. Der Whitney! Ich kann es nicht glauben. Der rannte auch immer mit seiner Reitgerte herum. Sogar zur großen Tea-Time in unserem Haus. Jetzt kann ich mir vorstellen, was seine Passion ist.»

«Sir. Wie gesagt, ausschließlich an adlige Gentleman mit hohen exquisiten Erwartungen vermitteln wir Ehefrauen. Wenn wir Ihre Tochter ausbilden sollen, dann können Sie davon ausgehen, dass sie spätestens nach vier oder sechs Monaten bei uns glücklich einem dominanten Mann von Format ihr Ja-Wort geben kann. Betty hat mir erzählt, dass Ihre Tochter eine hohe Libido hat und sich bereits öfter selbst befriedigt. Das ist einerseits eine gute Voraussetzung für ihre Erziehung, würde aber bei uns unterbunden werden, da sie dazu erzogen wird, ihre Lust nur ihrem jeweiligen Herrn zu schenken. Die ausgesprochen große Lüsternheit Ihrer Tochter, und ich konnte es vorhin selbst feststellen, wird von uns in die richtigen Bahnen gelenkt. Dies wird bis zu ihrer Hochzeit Lord Westenbury sein, der diesen Part der Erziehung persönlich vornimmt.»

«Möchten Sie noch einen Tee, Madame? Ihre Boarding Schooll gefällt mir zunehmend.»

«Ja, danke. MyLord. Wir sind eine Mädchenschule für Philosophie, Rhetorik und Liebeskunst. Wir erschaffen damit ein Kulturgut von äußerster Wichtigkeit für unsere hohe Gesellschaft. Eine Schule, die eine besondere Bildung anbietet, der diese Gesellschaft höchst notwendig bedarf. Eine Schule, die auf der Basis der philosophischen Pädagogik des Sokrates junge Damen zu zukünftigen Ehefrauen ausbildet.»

«Das hört sich sehr gut an.»

«Unser Unterrichtsspektrum ist weit gefächert. Sprachgebrauch und Konzentrationsfähigkeit sind wichtige Faktoren, die durch aktives Auseinandersetzten mit der Lehre gebildet und gefördert werden. Ausdrucksmöglichkeiten, gerade für die wichtige Konversation mit gebildeten Herrn bei gesellschaftlichen Anlässen werden bei uns erweitert und geschult. Diese Fähigkeit zu erlangen ist für uns bei der Ausbildung wichtig. Ist eine junge Ehefrau in der Lage sich in Gesellschaft mit dem entsprechenden Anstand zu artikulieren, kann sie bei Unterhaltungen die richtigen Fragen stellen oder Antworten geben, und trägt damit zum Ansehen ihres Gatten bei. Mens sana in corpore sano, sprach Juvenal. Ein gesunder Geist in einem gesunden Körper.

Wir sind eine Schule der griechischen Pädagogik. Der Begriff Pädagogik, unser Wort Pedagogy, stammt von dem griechischen Wort 'paidos' und lautet soviel wie Erziehungskunst durch Züchtigung. Lebenserfahrung weiterzugeben ist der Kern der Pädagogik. Lehren, Lernen. Praktische Übungen mit vielen Wiederholungen zeigen, wie systematische Pädagogik mit Erziehung und Schulung, jungen Damen ganzheitlichen, sinnorientierten Weg ins Leben ermöglicht. Unsere Pädagogik entsteht unmittelbar aus der Praxis mit Erziehung unter Disziplin, Repetitio est mater studiorum! Das Wiederholen ist die Mutter der Studien. Unsere freiheitliche Pädagogik will so die Schule für das Leben der jungen Damen hin zu gehorsamen Ehefrauen öffnen. Unser Erziehungskonzept soll den zukünftigen Ehefrauen auch Hilfe für ihre sittlichen Entscheidungen liefern, dabei sind Ethik, Moral und Tugend Begriffe, denen wir uns verpflichtet fühlen. Als Ehefrauen erhalten sie ein sorgloses Leben an der Seite eines hohen Herrn und aufgrund ihrer Bildung stehen ihnen dann alle Wege offen. Die Herren sind aufgeklärte Geister, edle Herren von Format, die sich nicht dem Genuss und der Wollust verschließen wollen. Sie benötigen junge Ehefrauen mit Schönheit, Anmut, Stil und Kultur.»

«Mein Gott. Alle Achtung, Madame Celine. Ich erkenne Ihr profundes Wissen über die Pädagogik. Wie viele Damen erziehen Sie im Moment?»

«Zurzeit erziehen wir drei junge Damen, eine im Alter Ihrer Tochter, eine 25, die andere 29. Im Schnitt sind immer fünf junge Damen bei uns.»

«Da hat der Westenbury ja alle Hände voll zu tun.»

«Lord Westenbury nimmt seine Aufgabe sehr ernst, da unsere Klientel eine umfassende Ausbildung und unbedingten Gehorsam von den Gattinnen erwartet.»

«Well. Die Reitgerte ist auch mir nicht fremd. Hat meine Tochter ja auch schon gespürt.»

«Sir. Ich weiß es von Betty. Sie sollen wissen, dass sie nicht nur in mir eine verständnisvolle Frau vorfinden, sondern auch eine Befürworterin einer strengen Disziplin im Haus. Das, wie man erkennt, auch Betty sehr gut tut.»

«Sie ist mir sehr ans Herz gewachsen, zumal sie einige Aufgaben meiner verstorbenen Frau hier im Hause übernommen hat. Betty hat meine Tochter als ihre Gouvernante schon mehrmals mit dem Stock züchtigen müssen, da sie sehr launisch und oft ungezogen ist.»

«Daraus entnehme ich, Sir, dass sie eine strenge Erziehung Ihrer Tochter zur Disziplin befürworten.»

«Nicht nur befürworten. Ich erwarte es. In meinem Haus verlange ich auch von allen Bediensteten unbedingte Disziplin, die bei Fehlverhalten von mir korrigiert wird.»

«Lord Ashton. Erlauben Sie mir in diesem

Zusammenhang noch eine Anmerkung. Betty hat mir in dem Kontaktgespräch eine Andeutung gemacht, dass Sie sich eventuell mit dem Gedanken tragen, wieder in den Stand der Ehe zu treten, um einen männlichen Nachfolger zu erhalten.»

«So? Hat sie das?»

«Verzeihung Sir. So habe ich es aufgefasst.»

«Ja. Ist schon gut. Im Grunde genommen stimmt das.»

«Sir. Ich kann Ihnen da einen Vorschlag machen. Sollten Sie sich entscheiden, uns Ihre Tochter zur Ehevorbereitung zu übergeben, so bringen Sie sie doch persönlich zu unserem Institut. Ich würde Ihnen gerne unsere 29-jährige Mary Marie MacFarlane vorstellen. Eine sehr schöne junge Frau, deren Familie einem uralten schottischen Geschlecht entstammt. Der Ursprung der Familie geht zurück auf einen Urenkel des Earl of Lennox aus dem 13. Jahrhundert. Allerdings ist diese Familie nicht sehr vermögend, kann daher keine entsprechende Mitgift beisteuern. Mary ist seit fünf Monaten bei uns, hat alle Arten der Erziehung genossen. Sie ist äußerst devot und sehr gehorsam. Sir. Wir haben sie aus dem einzigen Grund in unsere Vermittlung aufgenommen, weil sie außerordentlich schön ist.»

«Ich muss mir das überlegen. Das kommt alles etwas überraschend.»

«Ja, Sir. Ich dachte, wenn ich schon mal bei Ihnen bin, dann könnte ich Ihnen den Vorschlag machen. Mary ist wirklich empfehlenswert. Sie ist groß und sehr schlank und hat ein ganz liebes Gesicht. Sie hat schöne lange dunkle Haare, die sie immer entsprechend der gesellschaftlichen Mode elegant hochsteckt und hat bei uns gelernt, sich attraktiv zu kleiden. Mary besitzt einen wunderbar geformten Körper, der allen Ansprüchen genügt. Sie ist gesund und sie wäre ganz sicher empfängnisbereit. Die beiden anderen jungen Damen sind erst seit Kurzem bei uns und sind in ihrer Ausbildung noch nicht soweit, dass wir sie empfehlen können.»

«29 sagten Sie?»

«Ja. Sie ist 29 Jahre alt.»

«Das sind 20 Jahre Unterschied.»

«Sir. Das ist kein Unterschied. Ehen, die wir erfolgreich vermittelt haben, weisen alle in etwa diesen Altersunterschied auf. Erlauben Sie mir. Betty hat mir angedeutet, dass auch Sie gewisse höhere Anforderungen an eine Ehefrau in puncto Gehorsam und Disziplin stellen würden. Ich kann Ihnen versichern, dass Mary zu einem bedingungslosen Gehorsam gegenüber einem Ehemann von uns sehr streng erzogen und bei kleinen Fehlentwicklungen erfolgreich mithilfe körperlicher Züchtigung korrigiert worden ist. Das entspricht der Wahrheit, denn etwas anderes würde unserem Ruf schaden.»

«Ha. Das hört sich sehr überzeugend an.»

«Ja. Sir. Ich würde Sie gerne überzeugen wollen. Zumal wäre eine Ehefrau aus unserem Hause an Ihrer Seite für unser Renommee sehr hilfreich. Darf ich noch hinzufügen, dass Mary dazu ausgebildet ist, mit ihrem Körper einem Ehemann zu allen Arten der Befriedigung gehorsam zu dienen?»

«Madame. Sie überzeugen mich immer mehr. Ich glaube wirklich, ich sollte sie mir mal ansehen. Also, Betty. Du meinst auch, wir sollten Laura an Madame Celine übergeben und sie in dieser Boarding School erziehen lassen?»

«Ja. Sir. Ich denke, wir werden in nächster Zeit immer größere Probleme mit Laura bekommen und ich müsste sie womöglich täglich züchtigen. Sie sollte zu einer Ehefrau vorbereitet werde. Sie wissen, ich kenne das Institut von Lord Westenbury und auch Madame Celine, die ich für eine wundervolle Erzieherin halte. Ihre Tochter Laura wäre in den Händen von Madame Celine wesentlich besser aufgehoben, als ich es als Gouvernante schaffen könnte.»

«Gut. Madame Celine. Sie bekommen meine Tochter. Aber wenn Sie einen Aspiranten als Ehemann für sie haben, werde ich informiert.»

«Natürlich, Lord Ashton. Sie würden dem Gentleman vorgestellt werden und müssten Ihre Einwilligung in eine Heirat geben. Das ist selbstverständlich.»

«Sagen Sie, Madame. Diese Mary, wie war der Name noch?»

«Mary Marie MacFarlane.»

«MacFarlane. Kein schlechter Name in der Gesellschaft. Wissen Sie, ich könnte es mir gesellschaftlich nicht erlauben nicht standesgemäß zu heiraten. Ich werde mir die MacFarlane ansehen. Sagen Sie ihr vielleicht vorweg, dass ich zwar wesentlich älter als sie bin, ich aber eine Ehefrau suche, die mich zu sehr vielen gesellschaftlich hochgestellten Veranstaltungen begleiten und auch in meinem Haus sehr oft größere Einladungen mit Gästen nobler adliger Herkunft organisieren muss.»

«Das, denke ich, wird sie sehr freuen zu hören.»

«Sagen Sie ihr aber auch, dass ich mit ihr einen Nachfolger zeugen möchte. Das sollte sie wissen.»

«Ich denke, das braucht ihr nicht ausdrücklich gesagt zu werden. Sie ist dazu erzogen, alle, ich betone alle, auch belastbare Wünsche, eines Ehegatten zu erfüllen.»

«Ja. Gut. Noch eine Frage. Was verlangen Sie für eine solche Vermittlung.»

«Die Vermittlung Ihrer Tochter brächte keinerlei Kosten für Sie mit sich, auch nicht die Unterbringung bei uns, da der künftige Ehemann die Kosten der Ausbildung übernimmt.»

«Und bei dieser MacFarlane?»

«Das müssten Sie mit Lord Westenbury besprechen. Es bewegt sich aber etwa in der Größenordnung von 10.000 Pfund.»

«Ja. Gut. Peanuts. Madame, ich möchte, dass meine Tochter alsbald in verantwortungsvolle Hände kommt, die ihr Manieren beibringen. Wie weit ist Ihr Institut entfernt?»

«Sir. Etwa eine Stunde Fahrzeit. Es sind achtzehn Meilen. Folgen Sie mit der Kutsche der Straße nach Croydon, dann weiter über Hamsey Green nach Woldingham. Dort lassen Sie Ihren Kutscher nach dem Weg zum Old Gangers Hill Estate fragen. Es liegt am Fuß der Hügel.»

«Well. Sie reisen heute zurück?»

«Ja, Sir.»

«Könnte ich Ihnen morgen meine Tochter bringen?»

«Selbstverständlich, Sir. Ich werde da sein und Sie empfangen. Ich denke, Lord Westenbury hat morgen keine auswärtigen Termine. Er würde sich sicherlich freuen, sie persönlich begrüßen zu dürfen.»

«Was müssen wir meiner Tochter mitgeben?»

«Sir. Gar nichts. Ihre Tochter bekommt eine Schuluniform und für Schulungen die entsprechende Kleidung. Nachtwäsche, Bettwäsche und Badeutensilien. Auch entsprechende feste Kleidung für Tätigkeiten im Garten oder zu Wanderungen werden ausnahmslos von uns gestellt. Wir haben von einem bekannten Modehaus in London auch eine größere Anzahl festlicher Kleidung erhalten, um unsere Schülerinnen damit auszustatten, wenn Sie zu gesellschaftlichen Anlässen mitgenommen werden. Zu den sonntäglichen Gottesdiensten oder etwa alle zwei Monate zu einer Oper im Royal Opera House im Covent Garden in London oder Besuche in den Museen von London.»

«Oh, das hört sich gut an. Ja, das bräuchte meine Tochter. Ich bin kein großer Freund von Opern und habe das sicher vernachlässigt, sie gebührend mit der Kunst in Verbindung zu bringen.»

«Sir. Lord Westenbury gelingt es immer wieder, dies mithilfe von Förderern unseres Instituts zu organisieren. Sie sehen also, dass wir eine umfassende Erziehung Ihrer Tochter anbieten können, um sie für den Stand der Ehe vorbereiten zu können.»

«Madame Celine. Ich bin Ihnen zu großen Dank verpflichtet, dass Sie gekommen sind und mich eingehend über Ihr Institut unterrichtet haben. Ich werde Ihnen meine Tochter morgen bringen.»

*

«Sir? Sind Sie mir böse, dass ich Madame Celine einige Hinweise gegeben habe?»

«Nein, Betty. Es hat mich zwar überrascht, aber grundsätzlich bin ich Ihnen dankbar. Das war ein sehr aufschlussreiches Gespräch. Die Vorschläge, die Madame Celine machte, sind überzeugend.»

«Sir. Ihre Entscheidung in Bezug auf Ihre Tochter ist absolut richtig und das Beste für sie.»

«Ja. Meine Tochter braucht Zucht und Ordnung. Sie sind so besorgt um mich. Kennen Sie die MacFarlane?»

«Nein, nicht genau. Sie ist ins Institut gekommen, als ich bereits in Ihren Diensten war. Aber ich habe sie gesehen, als ich bei Madame wegen des Gesprächs vorgesprochen hatte. Sie hat ein bildhübsches Gesicht. Sie ist sehr schlank und hat, wie ich ermessen konnte, gut entwickelte Brüste. Ich glaube, sie würde eine gute Ehefrau für Sie abgeben, Sir. Ich bin überzeugt, sie würde sehr schnell euer Feuer der Manneskraft entfachen und Sie in die Lage versetzen, sie täglich mehrmals zu begatten.»

«Ja gut. Ich werde sie mir ansehen. Betty,

Sie werden meiner Tochter nichts sagen, was ich Morgen mit ihr wirklich vorhabe. Sie werden ihr sagen, dass ich eine Bekannte besuchen möchte, der ich sie vorstellen will. Nichts über eine Boarding School.»

«Ganz wie Sie wünschen, Sir. Ich halte es auch für gut, sie nicht zu informieren. Sie würde uns hier großes Theater machen.»

«Morgen früh, nach dem Frühstück lassen Sie die Kutsche vorfahren und bringen mir meine Tochter.»

2. Akt

Surrey Hills Boarding School

«Wo sind wir? Vater.»

«Wir sind da, mein Kind. In der Nähe von Woldingham. Das ist südlich von London.»

«Was ist das für ein Haus? Es liegt sehr einsam.»

«Dort werden wir von einer Madame Celine de Méricourt erwartet und ich wünsche, dass du sie dem Anstand entsprechend begrüßt.»

«Ja, Vater.»

«Steig aus der Kutsche aus!»

«Seien Sie willkommen, Lord Aschton.»

«Madame de Méricourt, ich begrüße Sie. Ich bringe Ihnen meine Tochter Laura mit.»

«Wunderbar. Darf ich Ihnen Mistress Halton vorstellen? Misses Halton ist unsere Gouvernante und Erzieherin im Haus und wird sich Ihrer Tochter annehmen.»

«Guten Tag, MyLord.»

«Guten Tag, Miss Halton.»

«Laura, begrüße Madame de Méricourt und Misses Halton.»

«Guten Tag, Ma'am. Guten Tag, Ma'am.»

«Laura, mein Kind. Komm zu mir, ich gebe dir einen Kuss. Hör gut zu. Dies ist eine Boarding School für junge Damen. Du wirst von nun an hier bleiben, damit aus dir eine Dame der Gesellschaft wird.»

«Was? Vater! Ich soll in ein Internat. Nein! Niemals!»

«Lord Aschton. Wenn Sie erlauben, nehme ich Ihre Tochter an die Hand und führe sie zu ihrem Zimmer.»

«Ja. Misses Halton. Tun Sie Ihre Pflicht.»

«Vater, Vater. Wie kannst du so etwas erlauben. Diese Frau hält mich richtig fest. Es tut weh.»

«Laura, du wirst jetzt gehorchen und mit Mistress Halton gehen. Ich habe es entschieden. Misses Halton!»

«Danke, Sir. Komm mit, Laura!»

«Vater! ...»

«Entschuldigen Sie ihren Widerspruch, Madame. Ich hatte ihr nicht gesagt, dass sie in ein Internat kommt.»

«Ist schon gut, Sir. Das Widerspenstige werden wir Ihrer Tochter abgewöhnen. Haben Sie gut hergefunden, Sir?»

«Ja. Unser Kutscher hatte nach dem Weg gefragt. Die ganze letzte Meile sind wir nur an Wiesen und Wäldern vorbeigefahren, kein Haus weit und breit.»

«Nun ja, Sir. Ich hatte Ihnen gesagt, dass das *Old Gangers Hill Estate* schwer zu finden ist. Aber schauen Sie auf dieses Haus, Sir. Dieses ehrwürdige alte Herrenhaus war einst der feudale Sommersitz der wohlhabenden Familie Westenbury. Der jetzige Lord hat das Haus vor einigen Jahren in eine Boarding School umgestaltet. Die Grundmauern dieses Manors stammen aus der Zeit Elisabeth I. Im östlichen Flügel befinden sich die Privaträume des Lords. In den beiden mittleren

Flügeln sind die Küchen-, Gesellschafts- und Unterrichtsräume untergebracht. Der Südflügel beherbergt die Schlafräume für die Schülerinnen und meine Privaträume und die meiner Erzieherinnen.

Schauen Sie sich um! Die mit wilden Rosen und Holunderbüschen bewachsenen Steinmauern des ehrwürdigen alten Herrenhauses, umgeben von einem zauberhaften Garten mit wilden Sträuchern, zarten Wildblumen und ellenlangen Rosenhecken, auch auf der Südseite, sind eine Augenweide. Nach Süden läuft das Anwesen, umgeben von Lorbeerbäumen, Platanen, Linden, Eibenhecken und Zedern in die grünen Wiesen der höchsten Erhebungen der Surrey Hills aus. Es ist ein himmlischer Fleck in Mitten der Natur und durch die Einsamkeit perfekt geschaffen für einen Ort der Besinnung und Erziehung. Die jungen Damen können hier ungestört und intensiv auf ihre zukünftige Rolle vorbereitet werden.»

«Wirklich. Ein eindrucksvolles Anwesen.»

«Kommen Sie mit mir. Treten Sie ein. Ich möchte Sie zu Lord Westenbury führen, der Sie erwartet.»

«Danke Madame.»

«John Aschton! Sei gegrüßt: willkommen im Gangers Hill Estate. Es freut mich, dass ein altes Clubmitglied den Weg zu mir gefunden hat.»

«Die Freude ist ganz meinerseits, Hilbert.»

«Du hättest mich schon längst mal ansprechen können.»

«Ich habe nicht gewusst, dass du hier so ein

großes Internat betreibst.»

«Na ja. Groß ist das Anwesen. Es gehört seit mehr als hundert Jahren meiner Familie. Schau aus dem Fenster. Sieh, es ist eine wunderschöne Gegend, viel Wald, grüne Felder und weite Parkanlagen am Fuß der Surreyhills.»

«Ja. Wunderbar.»

«Die Boarding School ist klein aber fein und in einem Nebentrakt untergebracht. Dafür ist es ein sehr feines Internat, es nennt sich ja auch *Exclusive Preparatory Academy for Young Ladies.* Mein Anwesen ist ideal für ein Internat, sehr einsam und für unsere Aufgabe hervorragend geeignet. Dies war auch der Grund, hier einen Ort zu schaffen, der für außergewöhnliche Männer mit höchsten Ansprüchen besonders ausgewählte junge Damen zu perfekten Ehefrauen vorzubereiten. Du hast deine Tochter gebracht?»

«Ja. Hilbert. Macht aus ihr eine anständige Dame und sucht einen respektablen Ehemann für sie.»

«Das werden wir machen. Nicht wahr, Madame Celine.»

«Sehr wohl, Lord Westenbury. Ich freue mich auf die Aufgabe.»

«John, deine Tochter ist bei Madame Celine und Miss Halton in guten Händen.»

«Ja. Ich glaube es. Aber ich bin, wie du sicher weißt, auch aus einem anderen Grund hier.»

«Ja, John. Und das hat mich erfreut, als ich es gehört habe. Du willst wieder in den Stand der Ehe treten.»

«Ja, das stimmt. Hilbert, ich brauche einen

Stammhalter, sonst verliert meine Familie einige Titel.»

«Setzen wir uns in die Bibliothek. Dort können wir uns in Ruhe unterhalten. Madame Celine! Lassen sie den Tee bringen. Und sorgen Sie dafür, dass wir nicht gestört werden.»

«Sehr wohl, MyLord.»

«Hilbert, ich danke dir, dass du dir die Zeit nimmst.»

«Ist doch selbstverständlich, John. Zumal du deine Tochter in unsere Obhut gegeben hast, wir für sie einen Ehemann finden sollen und du für mich jetzt ein potenzieller Heiratskandidat bist. Madame Celine hat mich gestern Abend bereits umfassend über euer Gespräch aufgeklärt.»

«Well. Wenn ich das gewusst hätte, was sie mir gesagt hat, dann hätte ich mich schon viel früher bei dir gemeldet. Meine Tochter ist schwierig geworden. Ich gebe es zu, seit dem Tod meiner Frau habe ich mich noch weniger ihrer Erziehung gewidmet als vorher. Du hast mir zwar die liebreizende Betty als Gouvernante vermittelt, aber auch sie hat Probleme mit meiner Tochter. Meine Tochter zeigt nicht nur Ungehorsam, sondern, wie Betty festgestellt hat, befriedigt sich immer öfter selbst.»

«Ja, das habe ich gehört. Das ist ein untrügliches Zeichen, dass sie, trotz ihres jungen Alters, schon ein vorhandenes Verlangen in ihrem Körper verspürt.»

«Ja. Hilbert, das macht mir Sorgen. Deshalb muss sie verheiratet werden, bevor sie von irgendeinen Stallburschen geschwängert wird, nur weil sie sich nicht beherrschen kann. Sie braucht einen Ehemann, der sie mit Disziplin führt und dabei ihr Verlangen zähmt.»

«John. Du hast richtig entschieden. Wir werden deine Tochter hier mit der notwendigen Strenge zu einer begehrenswerten Ehefrau erziehen.»

«Dafür wäre ich dankbar, Hilbert. Die notwendige Strenge darf körperliche Züchtigung einschließen, nur so kann eine junge Frau erzogen werden.»

«Da hast du recht. Das sehe ich und auch Madame Celine so. Wir werden bei der Erziehung die körperliche Züchtigung anwenden, aber in einem rücksichtsvollen Umfang. Das möchte ich dir versichern.»

«Danke.»

«Madame Celine hat dir erklärt, dass unser Erziehungskonzept auf eine erweiterte Ausbildung der Mädchen beruht. Da unsere Klientel Ehefrauen sucht, die nicht nur ausgesprochen schön und anmutig sind, sondern insbesondere exquisite Liebesspiele beherrschen sollen, geht unsere Erziehungsmethode weit über das gängige Maß an üblichen Boarding Schools hinaus.»

«Ja. Madame hat so einige Andeutungen gemacht.»

«Ich sage es dir offen, John. Deine Tochter wird hier in Liebesdiensten ausgebildet, die hohen Ansprüchen genügen sollen.»

«Hilbert. Du brauchst gar nichts mehr zu sagen. Madame Celine hat mich überzeugt und ich will diese Erziehung für meine Tochter. Es wird helfen ihre Lüsternheit zu kontrollieren und ihr gleichsam Gehorsam anzuerziehen. Den Gebrauch einer Peitsche bei einer notwendigen Züchtigung heiße ich ausdrücklich gut.»

«Danke, John, dass wir uns einig sind. Auf der Basis können wir deine Tochter erziehen und werden sicher den geeigneten Ehemann finden.»

«Genau, Hilbert. Aus diesem Grund, hat es deine Madame Celine auch geschafft, mich ganz heiß auf eure Mary MacFarlane zu machen. Wenn das alles so stimmt, was sie mir erzählt hat, dann denke ich, dass diese Mary für mich die richtige Frau sein könnte.»

«Das wird sie sein, John. Das kann ich dir garantieren. Sie ist ein schottisches Heißblut, dass von uns gezähmt worden ist und wenn ein Mann wie du weiterhin die Zügel kräftig in der Hand hält, kannst du sie zu allen Liebesspielen nutzen. Wenn du die Reitgerte richtig einsetzt, wird sie dir auch gehorsam bei außergewöhnlichen Liebespraktiken dienen. Das braucht sie und das hält sie in der Spur. Empfehlenswert ist es auch, sie ohne Grund einmal in der Woche ausgiebig die Peitsche spüren zu lassen, um sie an ihre Aufgaben zu erinnern. Das hilft bei ihr. Ich weiß es aus eigener Erfahrung. Dann ist sie für Tage zahm wie ein Lamm. Sie ist wunderschön und hat einen begehrenswerten Körper, der alle deine Wünsche erfüllen wird. Und darum geht es doch, nicht wahr?»

«Du hast ja so recht. Deine Worte gefallen mir. Werden wir uns einig?»

«Natürlich John. Schau sie dir jetzt erst mal

eingehend bei Madame Celine an. Mary erfüllt deine Erwartungen. Das, was du siehst, wird dich begeistern.»

«Gut. Hilbert. Ich danke dir.»

«Bevor du uns verlässt, sprechen wir beide noch einmal kurz.»

«Ja. Hilbert.»

*

«Warum zerren Sie mich in dieses Zimmer? Sie tun mir weh. Ich will zu meinem Vater. Wer ist diese Frau?»

«Das ist Misses Plymton, meine Assistentin und deine Lehrerin für Kultur und Körperpflege. Sag ihr guten Tag!»

«Guten Tag, Misses.»

«Guten Tag, Laura. Sei willkommen.»

«Ich will nicht hierbleiben. Misses Halton. Ich will zu meinem Vater.»

«Laura. Du wirst hierbleiben. Du nennst mich in Zukunft Mistress. Ich bin deine Erzieherin. Dein Vater will, dass du hier eine Erziehung bekommst, die für dich wertvoll ist. Zieh bitte deine Sachen aus, du bekommst eine Schuluniform.»

«Eine Schuluniform. Nein!»

«Laura. Siehst du hier den Stock. Ich werde dich hart spanken, wenn du nicht tust, was ich sage. Zieh dich aus! Gib mir dein Kleid, wir werden es verwahren. Die lange Unterhose ziehst du auch aus. So etwas brauchst du hier nicht! Jetzt zieh diese Bluse, den dazugehörigen Rock, die weißen Strümpfe und die Schühchen an.»

«Die Bluse hat ja nur unten einen Knopf!»

«Ja. Die Uniformbluse bleibt oben offen.»

«Und nichts drunter? Nein?»

«Nichts drunter! Zieh den Rock hoch.»

«Der ist ja ganz kurz. Der ist furchtbar kurz. Das ist schrecklich!»

«Das ist ein schottischer Rock in dem Webmuster des Familienwappens von Lord Westenbury.»

«Aber der ...»

«Sei ruhig. Misses Plymton, helfen Sie mir. Sie muss auf den Zuchtbock.»

«Was machen Sie mit mir? Was ist das für ein Holzgestell?»

«Beuge dich über die obere Wölbung. Misses Plymton, geben Sie mir den Stock!»

«Warum binden Sie mir die Arme fest. Ich will hier weg. Vater! Auaaah!»

«Das war ein erster Hieb. Sei ruhig. Sonst bekommst du mehr. Dein Uniformrock ist deshalb so kurz, damit dein nackter Po immer zu einem Spanking bereit ist.»

«Ich will weg. Ich will sofort weg! Machen Sie mich los! Aauuaah!»

«Du wirst hier lernen, zu gehorchen. Ich werde dich erziehen.»

«Auaaaah.»

«Schrei nur. Hier in meinem Office hört dich keiner. Außerdem gehört diese Art der Erziehung zu unserer Aufgabe. Misses Plymton, spreizen Sie ihre Beine an die äußeren Holzfüße und machen

Sie sie mit den Riemen fest.»

«Was machen Sie? Was tun Sie mit ihrer Hand!»

«Ich streichle deinen Kitzler, um ihn zu prüfen.»

«Was? Nein!»

«Ich denke, du magst das. Dein Vater hat dich doch in unser Internat gegeben, weil du dich zu Hause oft selbst gestreichelt und zum Orgasmus gebracht hast, nicht wahr?»

«Ich! Nein! Hören Sie auf. Auuuaaah.»

«Wenn du jetzt nicht ruhig bist, bekommst du noch mehr Hiebe.»

«Machen Sie mich los! Sofort! Auuuuahhhhhh!»

«Ein schöner Hieb, nicht wahr? Ein richtig roter Striemen auf deinen nackten Po. Du wirst diese Art Hiebe mit der Zeit lieben lernen.»

«Auuuahh!»

«Du hast einen wunderschönen Po, der ideal für ein gutes Spanking ist.»

«Auuuahh!»

«Weine ruhig. Züchtigungen, die du hier für ungebührliches Benehmen erhältst, werden dich immer zum Weinen bringen.»

«Auuuuahhhhh!»

«So. Jetzt hast du eine erste Lektion zum Gehorsam erhalten. Du bleibst auf dem Zuchtbock festgeschnallt, bis Madame Celine das Gespräch mit deinem Vater beendet hat und hierher kommen wird.»

*

«Lord Ashton, nehmen Sie doch auf dem großen Ledersofa Platz, ich werde mich in diesen Ledersessel setzen. Soll ich Mary jetzt rufen, Sir?»

«Ja. Bitte, Madame. Ihre Bibliothek ist sehr geschmackvoll eingerichtet. Sie haben sehr viele Bücher.»

«Ja. Ich glaube, wir haben in diesem Haus mehr als Tausend Bücher. Die benötigen wir für das Studium. Möchten Sie noch Tee?»

«Nein, danke.»

«Es klopft. Ich werde Mary herein bitten.»

«My Lord, darf ich Ihnen vorstellen. Das ist unsere Mary Marie MacFarlane. Mary, das ist Lord Ashton. Komm zu ihm und begrüße ihn.»

«Guten Tag, MyLord.»

«Guten Tag, Mary.»

«Was meinen Sie, Sir? Ist Mary Marie MacFarlane in dem vollkommen durchsichtigen weißen Gazekleidchen nicht schön anzusehen?»

«Sie ist sehr schön. In der Tat. Dieses Gazehemd ist außergewöhnlich!»

«Es ist aus Lyoner Seide und wird ihrer Schönheit gerecht. Mary, dreh dich. Ihre Brüste sind gut entwickelt und prall, ihre rasierte Scham ist ein Augenschmaus und ihr wundervoller Po einfach hinreißend.»

«Hmm, eine bewundernswerte Figur.»

«Sir. Sie ist wunderschön. Eine sehr attraktive Frau. Sie würde zu Ihnen passen.»

«Meinen Sie?»

«Sir. Ich bin überzeugt. Sehen sie doch nur ihre Konturen. Zauberhaft.»

«Well. Madame Celine. Ist es möglich, dass ich mich mit Mary, bei aller Ehre natürlich, unter vier Augen kurz unterhalten kann?»

«Natürlich, Lord Ashton. Sie sind ein Ehrenmann. Wenn Sie das Gespräch beendet haben, rufen Sie nach mir.»

«Danke.»

«Mary. Kommen Sie her und setzen Sie sich zu mir.»

«Zu Ihnen, Sir?»

«Ja. Komm, setz dich neben mich.»

«Ja, Sir.»

«Du weißt, warum ich hier bin?»

«Ja, Sir. Sie suchen eine Ehefrau.»

«Ja, und du gefällst mir außerordentlich. Du bist sehr schön.»

«Danke. Sir.»

«Sag mir, woher kommst du und was macht deine Familie?»

«Unsere Familie entstammt einem uralten Zweig eines schottischen Adelsgeschlechts. Meine Familie betreibt eine kleine Whisky-Destillerie südlich von Inverness in Schottland und nebenbei einen Hof mit Schafen und Rindern. Meine Familie ist nicht vermögend, aber die Destillerie und der Hof werfen zum Leben genügend ab.»

«Wie groß ist deine Familie.»

«Meine Mutter und ihr zweiter Mann. Mein Vater ist vor ein paar Jahren gestorben. Meine

Mutter hatte die Kenntnisse und Geheimrezepte, wie man einen guten Whisky destilliert von meinem Vater gelernt und betreibt die Destillerie. Ihr Mann kümmert sich um den Hof. Ich habe zwei Brüder, einer dient als Leutnant in der Armee, der andere arbeitet in der Destillerie; und eine Schwester, die nach Australien geheiratet hat.»

«Wie heißt euer Whisky?»

«MacFarlane Malt.»

«Ist mir unbekannt.»

«Ja. Sir. Es ist eine kleine Destillerie und sie haben keinen Kontakt zu London.»

«So. Hmm. Das könnte ich ändern.»

«Sir. Es ist ein Whisky von hoher Qualität. Ein *Single Malt Whisky*. Wir haben einen 5-jährigen, in mindestens dreißig Jahre alten Oloroso Sherry Butts gelagert und sogar einen 12-jährigen.»

«Das klingt gut. Hat man dir gesagt, wer ich bin?»

«Ja. Sie sind ein Lord und Mitglied des Oberhauses. Madame Celine hat mir erzählt, dass sie ein großes wunderschönes Anwesen in Richmond am Ufer der Themse besitzen.»

«Hältst du mich nicht für einen alten Mann.»

«Nein, Sir. Sie sehen sehr jugendlich aus.»

«Du schmeichelst mir.»

«Nein, Sir. Sie sind sehr attraktiv.»

«Hat dir Madame Celine gesagt, dass ich in meinem Haus viele Bedienstete habe, sehr gerne Gäste aus der hoch noblen Gesellschaft einlade und auch oft gesellschaftliche Veranstaltungen und Einladungen annehmen und besuchen muss?»

«Ja, Sir. Sie sind ein hochgeachteter Mann.»

«Hat sie dir berichtet, dass ich eine standesgemäße Ehefrau suche, die mein Haus führen kann und mir eine liebende Frau ist?»

«Ja, Sir. Das weiß ich.»

«Würdest du mich heiraten wollen?»

«Ja. Sir.»

«Du darfst mich ruhig dabei ansehen und nicht verschämt zu Boden blicken.»

«Ja, Sir. Verzeihung, Sir.»

«Du weißt, was ein Mann von seiner Ehefrau verlangt?»

«Lord Westenbury hat mir alles beigebracht. Ich weiß, wie ich einem Ehemann dienen kann.»

«Sag mir, was fühlst du, wenn ich deine Hand jetzt hier so auf meine Hose lege?»

«Ihr Glied, Sir?»

«Und?»

«Sir! Es ist steif und sehr groß.»

«Ja. Ich möchte, dass du weißt, dass ich von Natur aus sehr gut ausgestattet bin und eine Ehefrau wünsche, die mir meine gewünschte Befriedigung verschaffen kann.»

«Sir. Ich würde mich glücklich schätzen, Ihnen Ihre gewünschte Befriedigung zu schenken.»

«Das klingt sehr gehorsam. Bist du gehorsam?»

«Sir. Ich gelobe, immer gehorsam zu sein.»

«Gib mir einem Kuss!»

«Oh, Sir. Das war ein heftiger Kuss.»

«Ich werde dich immer heftig küssen, meine Liebe.»

«Du darfst die Hand zurücknehmen. Ich würde dich zu meiner Frau nehmen. Ich würde dich ehren und dir ein sorgloses Leben an meiner Seite bieten, das uns immer mehr verbinden und zueinander in Liebe finden wird. Würdest du das wirklich wollen?»

«Ja. Sir. Ich würde mich glücklich schätzen, Ihnen als eine liebende und gehorsame Ehefrau dienen zu können.»

«Das ist ein Heiratsantrag, Mary.»

«Ja, Sir. Ich möchte Ihre Frau werden.»

«Gut. Dann wollen wir Madame Celine rufen.»

«Madame Celine. Ich denke, Mary und ich sind uns einig. Sie hat meinem Heiratsantrag angenommen und zugestimmt meine Ehefrau werden zu wollen. Mary, sagen Sie es Madame Celine.»

«Madame. Ich möchte die Frau von Lord Ashton werden.»

«Das ist gut, Mary. Du wirst einen liebevollen und großzügigen Ehemann in Lord Ashton finden, der dir ein angenehmes Leben ermöglicht.»

«Ja, Madame. Danke.»

«Oh. Lord Ashton. Ich beglückwünsche Sie zu dieser Entscheidung. Ich bin überzeugt, Mary wird sie sehr glücklich machen.»

«Leiten Sie alles in die Wege. Ich bin ein Mann, der zu seinen Entschlüssen steht. So soll es sein.»

«Ich werde Marys Familie unterrichten.»

«Tun Sie das umgehend.»

«Ich glaube, von den Familienangehörigen der Braut kann keiner zu einer Hochzeit den langen Weg hierher machen.»

«Schreiben Sie der Familie, dass ich die Kosten

für eine Reise übernehmen werde. Die Mutter sollte kommen.»

«Das ist sehr großzügig, Sir, wir werden Ihnen Marys Papiere fertig machen und durch einen Boten überbringen lassen.»

«Schicken Sie ihn, wenn ich Mary abholen kann.»

«Lord Aschton. Wir werden Ihnen Ihre Braut bringen. Ich werde mich mit Betty beraten, alles organisieren und zur Trauung wird es sich Lord Westenbury nicht nehmen lassen, Ihnen die Braut persönlich zuzuführen.»

«Oh. Das ist eine noble Geste.»

«Sollen wir uns auf das übernächste Wochenende vorbereiten?»

«Ja, sehr gut. Ich kann es jetzt, wo alles entschieden ist, kaum erwarten. Ich werde mit meinem Freund, einem Weihbischof, sprechen. Er wird mit Freude die Trauung vornehmen. Mary! Ich werde dich mit großer Freude zur Trauung erwarten. Es wird eine große Hochzeit mit vielen Gästen werden und du wirst ein Brautkleid bekommen, das alle anderen in den Schatten stellt.»

«Danke, MyLord. Sie sind sehr gütig.»

«Well. Auf Wiedersehen, Mary. Gib mir einen Kuss!»

«Auf Wiedersehen, Sir.»

«Lord Aschton. Ich hätte noch eine Bitte. Mistress Halton hatte sehr große Probleme mit Ihrer Tochter. Laura ist sehr frech und aufsässig. Sie hat sie auf einen Zuchtbock schnallen und im eingeschränkten Maß mit dem Stock züchtigen müssen. Sie wollte schon weglaufen.»

«Jaja. Da ist richtig. Sie ist verzogen. Ich weiß.»

«Ich würde Sie bitten, mit mir in das Office von Mistress Halton zu kommen, um Ihrer Tochter den Ernst der Lage klar zu machen und dass es Ihr Wille ist, dass sie hier erzogen wird. Es würde uns bei der Erziehung helfen.»

«Ja, gut. Gehen wir.»

«Oh. Ein richtiger Zuchtbock.»

«Sir. Ein uraltes Stück. Sehr bewährt. Gehen Sie zu Ihrer Tochter!»

«Laura, mein Kind. Schau zu mir hoch!»

«Vater, Vater. Ich will hier weg!»

«Laura. Du bleibst hier! Hör mir gut zu. Ich will, dass du hier erzogen wirst. Du wirst alles gehorsam tun, was die Damen dir auftragen und wirst fleißig lernen. Du musst lernen, dich wie eine Dame zu benehmen. Du warst zu Hause oft ein sehr böses Mädchen.»

«Vater! Bitte! Ich will auch ganz brav sein, wenn ich nur nicht hierbleiben muss!»

„Laura. Böse Mädchen müssen mit dem Stock erzogen werden! Du musst endlich zur Einsicht kommen. Also, ich lass dich jetzt allein und du bleibst gehorsam hier. Ich liebe dich.»

«Sir. Darf ich Sie etwas fragen? Aber lassen Sie mich erst die Türe hinter uns schließen, Laura braucht das nicht zu hören.»

«Was möchten Sie denn fragen?»

«Sir, ob Sie das für angebracht halten, was Sie gesehen haben?»

«Madame Celine. Ich hätte meine Tochter schon viel früher regelmäßig züchtigen sollen. Aber, so ist das. Man ist immer zu nachsichtig. Well, Sie haben meine volle Unterstützung zu einer strengen Erziehung meiner Tochter. Die ist notwendig.»

«Ich danke Ihnen, Sir. Mistress Halton ist eine sehr erfahrene Erzieherin, die keinen übermäßigen Gebrauch vom Stock oder der Peitsche machen wird. Es wird immer der Unterrichtung und dem Benehmen entsprechend angepasst.»

«Das ist gut. Aber sagen Sie, dieser Rock der Schuluniform, ist der nicht sehr kurz?»

«Sir. Diese Uniform tragen alle Mädchen hier und sie ist den Erfordernissen beim Unterricht angepasst. Wenn die Erzieherinnen Misses Halton oder Misses Plympton eine Fehlentwicklung bei einer Schülerin feststellen, müssen sie schnell reagieren können. Die Person muss sich dann vor der Klasse an die Wand stellen und ihre Hände hinter den Kopf legen. Dadurch hebt sich der Rock von selbst und gibt den nackten Po für ein Spanking frei.»

«Dass heißt, die Schülerinnen tragen keine Höschen?»

«Sir. In diesem Institut niemals!»

«Aha. Sehr konsequent. Sagen Sie, Madame Celine. Meine zukünftige Ehefrau hat diese Erziehung auch bekommen?»

«Selbstverständlich. Wir züchtigen während des Unterrichts nur, wenn es unbedingt notwendig ist. Allerdings erhalten die Schülerinnen auch mindestens einmal die Woche ein sogenanntes Reminding.»

«Ein Reminding?»

«Ja, Sir. Das ist ein Spanking, um die Erinnerung aufrecht zu erhalten und zukünftige Fehlentwicklungen zu verhindern.»

«Sehr klug. Das hört sich gut an.»

«Dazu werden sie, wie sie es eben bei Ihrer Tochter gesehen haben, auf diesen antiken Zuchtbock geschnallt.»

«Ein sehr antikes Stück.»

«Ja. Dort sind schon vor Dekaden die Ehefrauen, die Mätressen und die Dienstmägde der Vorfahren von Lord Westenbury gezüchtigt und penetriert worden.»

«Oh. Penetriert?»

«Ja, Sir. Lord Westenbury behält sich das vor, wenn er persönlich eine Züchtigung vollziehen muss.»

«Ich verstehe.»

«Sir. Es kling vielleicht streng, aber der erzieherische Wert einer anschließenden Penetration ist nicht zu unterschätzen.»

«Hoho. Das glaube ich.»

«Sir, auf diesen Zuchtbock geschnallt, wird Ihre Tochter, mit Ihrer Erlaubnis, heute Abend von Lord Westenbury defloriert werden, damit wir mit der Erziehung beginnen können. Ich möchte Sie um Ihr Einwilligung bitten.»

«Huh. Nun gut. Es sei, wie es ist. Es ist notwendig. Er soll sie entjungfern. Ich willige ausdrücklich ein. Dann können Sie sie richtig erziehen.»

«Ja. Danke, Lord Ashton, das werden wir mit Freude tun. Darf ich Sie noch zu ihrer Kutsche begleiten?»

«Danke, Madame Celine. Dann sehen wir uns bei meiner Hochzeit in zwei Wochen.»

Laura's Schulung

«So, Laura. Dein Vater ist gefahren. Wie ich an den schwachen Striemen auf deinen Po erkenne, hast du von der Mistress schon einen nachhaltigen und sichtbaren Eindruck unserer Erziehungsmaßnahmen erhalten. Mistress Halton ist eine konsequente Erzieherin, die das Recht hat, dir jederzeit ein Spanking zu verabreichen, wenn sie es für notwendig hält. Sie ist sehr erfahren mit dem Stock. Du hast den Begriff Spanking sicher schon mal gehört, vielleicht hat dein Vater dich auch das eine oder andere Mal übers Knie gelegt. Hier wirst du lernen, was richtiges Spanking ist. Hier in diesem Haus erhältst du für jeden Ungehorsam ein Spanking. Und zwar immer auf den nackten Po. Siehst du hier die Reitgerte in meiner Hand?»

«Madame!»

«Siehst du sie?»

«Ja, Madame. Ich sehe sie.»

«Damit erhältst du jetzt ein Spanking, was dich für später daran erinnern soll, wie es dir bekommt, wenn ICH dich züchtigen muss.»

«Madame, bitte nicht!»

«Laura, Du musst noch viel lernen. Dein Popo sieht gut aus und die Lippen deiner Pussy sind schön zu sehen. Nicht wahr, Misses Halton, Misses Plymton? Hat unsere Laura nicht eine wunderschöne Pussy? Eine jungfräuliche Pussy.»

«Ma'am, immer wieder ein Genuss, eine jungfräuliche Pussy zu betrachten.»

«Ja, Misses Halton. Finde ich auch. Leider

wird sich das heute Abend schon ändern. Der Lord wünscht es. Ich hätte es lieber gesehen, wenn ich diesen süßen Po morgen mit ein paar mehr Spankings darauf vorbereiten könnte.»

«Oh, wird der Lord heute die erste Einführungslektion geben?»

«Ja. Es wird die erstmalige Einführung. So, Laura, jetzt zieren wir deinen süßen Popo mit drei wunderschönen roten Striemen!»

«Auuaa, Auuaah.»

«Laura! Du bist hier, weil du dich zu Hause selbst streichelst und befriedigst. Du bekommst jetzt den letzten Hieb, der dich daran erinnern soll, dass du das nicht mehr darfst. Es sei denn, es wird dir von mir erlaubt. Die Mistress und ich werden deine Pussy immer wieder prüfen, ob du dich befriedigst. So, wie ich es jetzt tue.»

«Ohhh, Madame, Ohh, Nein!»

«Sei ruhig. Du hast eine süße Pussy. Aber du wirst sie nicht selbst streicheln. Verstanden! Wenn wir das feststellen, bekommst du ein schmerzhaftes Spanking. So wie jetzt!»

«Aauuuaaaaaaah!»

«Ma'am. Das sieht wunderbar aus. Sehr gekonnt.»

«Danke, Misses Halton. Laura! Du wirst jetzt losgebunden und ich will kein Wort von dir hören. Sonst bekommst du von mir das Dutzend. Misses Halton, binden Sie Laura los und bringen Sie sie in den Unterrichtsraum. Der Unterricht beginnt gleich und ich will Laura den anderen Schülerinnen vorstellen.»

*

«Mary, Esther, Pauline. Ihr dürft euch setzen. Ich möchte euch hier unsere neue Schülerin Laura Ashton vorstellen, die von jetzt ab bei uns sein wird. Laura, du darfst dort hinten, an dem Tisch hinter Pauline, Platz nehmen. Dies wird in Zukunft bei den Unterrichtsstunden dein Platz sein. Die Stühle haben dünne Kissen, weil ihr euch nicht auf euren Rock setzen könnt, sondern ihn locker neben euch fallen lasst. Hier wird nicht drauf losgeredet. Wer etwas fragen möchte, meldet sich. Nur mit Erlaubnis darf geredet werden. Geantwortet wird nach Aufforderung. Für Laura gebe ich einen Überblick über den Tagesablauf und die Regeln hier an diesem Institut. Die offizielle Bezeichnung für dieses Institut lautet *The Lords Preparatory Academy for Young High Ladies*. Wir nennen sie *Surrey Hills Boarding School*. Disziplin steht hier in diesem Haus an erster Stelle. Um sechs Uhr morgens wird aufgestanden und ihr könnt euch waschen und säubern, adrett machen, die Haare anständig hochstecken und die Schuluniform anziehen. Von acht bis neun ist Frühstück in der Mensa. Das alles wird von Miss Halton überwacht. Ihr deckt selbst auf, räumt auch wieder ab und säubert alles. Um Neun seid ihr hier im Unterrichtsraum, um bis um zehn an euren täglichen Bericht über eure Erziehung zu schreiben, eingeschlossen, wie oft ihr geschult und gegebenenfalls für welche Vergehen ihr gezüchtigt worden seid. Laura! Du kannst deinen offenen Mund wieder schließen.

Dieser Tagesbericht über die Ausbildung des vergangenen Tages ist Pflicht und wird von mir und auch dem Lord kontrolliert. Schlechte oder nachlässige Beschreibung wird bestraft. Um Zehn ist eine halbstündige Pause, mit gesundheitsfördernden Lockerungsübungen. Bei gutem Wetter unten im Park ein paar Runden laufen, bei schlechten Wetter einige Übungen in der Eingangshalle. Von halb elf bis zwölf ist eine Unterrichtsstunde hier. Themen: Gesundheit, Körperpflege, Aufgaben einer Ehefrau, Konventionen und standesgemäßes Verhalten bei gesellschaftlichen Anlässen. Von zwölf bis eins ist *Lunch Break* im großen Esszimmer. Von eins bis Ddrei ruft der Lord eine von euch zu einer Sonderschulung zu sich in seine Räume. Die anderen halten einen Mittagsschlaf im Dormitorium oder lesen die vorgegeben Bücher. Von drei bis um fünf erhaltet ihr abwechselnd Unterricht in Französisch, Mathematik, Geschichte, Kunst und Literatur. Um fünf ist *Tea Break* und um sechs wird sich fertig gemacht für das abendliche Dinner, das von sieben bis neun entweder im Esszimmer oder im Gesellschaftsraum des Lords stattfindet. Nach neun entscheidet der Lord, wer von euch in seine Privat-Gemächer folgen muss, um die Nacht bei ihm zu verbringen. Oder aber es ist ein Dinner mit Gästen, engen Freunden, die dem Lord bei der Erziehung helfen und mit denen im Anschluss eine Schulungssparty im Drawing Room stattfindet.

Laura, diese und nächste Woche ist die nachmittägliche Unterrichtsstunde der Literatur gewidmet, in der wir die großen Klassiker lesen. Zugleich ist es ein Französisch-Unterricht. Gestern haben wir begonnen, das Buch, *Le Rideau levé, ou l'Education de Laure, Der gelüftete Vorhang oder Lauras Erziehung,* vom Marquis Honoré-Gabriel Riquetti de Mirabeau gemeinsam zu lesen. Das Buch, erschien 1786 in Paris. Es schildert die Erziehung eines jungen Mädchens zu ersten erotischen Begegnungen. Der Roman ist einer der freizügigsten erotischen Bücher des vergangenen Jahrhunderts, in dem Mirabeau die Notwendigkeit einer Verbindung zwischen geistiger und körperlicher Liebe beschreibt. Dieses Weltbild passt in das philosophische Selbstverständnis unseres Instituts hier, welches die größtmögliche Glückseligkeit des Menschen als Ideal sieht.

Lord Westenbury ist es gelungen einige Exemplare aus Frankreich zu bekommen. Wir lesen es in französischer Sprache. Laura, wie ich informiert bin, hattest du Französisch-Unterricht. Wir sind gestern bis zu der Stelle gekommen, als Laura bereit ist, ihren Stiefvater zu empfangen.»

«Mary, bitte lies laut und deutlich vor und ihr lest in euren Exemplaren sehr aufmerksam mit.»

«Sie führte mich in ein Gemach, das für den erhebenden Anlass schon vorbereitet worden war. Alles Tageslicht war daraus verbannt. Ein riesiges Himmelbett, das ganz mit blauem Satin bezogen war, prangte inmitten der Spiegel, von denen es umgeben war. In der Mitte des Bettes befand sich auf den blauseidenen Decken ein Kissen, das gewissermaßen den Opferstein darstellte.

Lucette verstand es ausgezeichnet, all die Vorzüge

herauszustreichen, welche die Natur mir gegeben hatte. Sie schmückte dieses freiwillige Opfer mit feuerroten Strumpfbändern und einem Gürtel, der wie bei einer zweiten Venus meine schlanke Taille zur Geltung brachte. Meine üppig fließenden braunen Locken wurden gleichfalls durch ein rotes Band zusammengehalten. So blieb ich ganz allein in dem Raum, in dem bald das köstlichste Opfer stattfinden sollte. Ich betrachtete mich mit einer unbeschreiblichen Zufriedenheit in den Spiegeln, die den blauseidenen Bettaltar umgaben. Mein entblößter Körper schimmerte wie mattes Elfenbein. Meine jungen, zarten Brüste erhoben sich wie strahlende Früchte, die von zwei Knospen in der zartesten Rosenfarbe gekrönt wurden. Ein reizender goldfarbener Flaum bedeckte den Ansatz meiner Schenkel und warf einen köstlichen Schatten auf meine Liebesgrotte, die zwischen den beiden rosigen Lippen ein winziges Ende der Klitoris erkennen ließ. Es war, als ob sich eine Zunge begehrlich zwischen den beiden Lippen vorstreckte. Dazu meine schlanke Taille, meine zierlichen Füße, meine schön geschwungenen Beine und wohl gerundeten Schenkel, sowie ein Hinterteil, dessen rosige Rundungen zur Freude wie geschaffen schienen!

Wirklich, selbst Amor hätte sich mit mir nicht messen können, wenn er mein Geschlecht gehabt hätte. Das war in etwa der Tenor der Elogen, mit denen Lucette meinem Vater gegenüber meine Schönheit pries. Ich fühlte mich emporgetragen von einer Woge der Trunkenheit, von einem Liebesrausch ohnegleichen. Wie glücklich war ich, den Mann, der mir so viel bedeutete, mit meinem Überfluss zu beglücken.

Er prüfte und bewunderte all die Schätze, die vor

ihm ausgebreitet waren. Seine Hände, seine Lippen brannten auf meinem Körper. In uns beiden flammte die Leidenschaft einer jungen Liebe auf, für die es keine Hindernisse gibt und die endlich den Lohn ihrer Geduld und Sehnsucht zu pflücken hofft. Ich hatte mir diesen Augenblick so lebhaft gewünscht und presste den Urheber künftiger Freuden mit einer Leidenschaft an mich, als wollte ich ihn nie wieder aus meinen Armen entlassen.

Lucette entkleidete ihn vollständig. Er legte mich auf das Bett, sodass mein Hinterteil auf dem Kissen zu liegen kam. Ich nahm die wundersame Waffe in die Hand, durch die meine Jungfernschaft zerstört werden sollte. Oh, wie liebkoste ich dieses schwellende Schwert, das nun bald gewaltsam meine Rose durchbohren sollte, die mit solcher Sorgfalt viele Jahre hindurch gepflegt worden war. Meine Phantasie brannte vor Verlangen nach diesem bedeutsamen Augenblick. Meine Liebesgrotte verzehrte sich nach dem holden Eindringling, dessen Nähe allein mich mit einem wundervollen Feuer der Begeisterung erfüllte. Wir hielten uns umschlungen und lagen einer auf dem anderen. Unsere Lippen, unsere Zungen vermählten sich. Ich wusste nicht mehr, was ich tat, sondern schlang meine Beine um seine Lenden, und während ich ihm entgegenkam, durchbohrte er mich mit einem einzigen schnellen Stoß. Der heftige Schmerz, den ich in diesem Augenblick empfand, entriss mir einen Schrei, der ihn von seinem Sieg überzeugte.

Lucette, die ihre Hand geschickt zwischen uns schob, begann mich zu liebkosen, während ihre andere Hand meine Lenden streichelte. Der Schmerz mischte sich mit Wollust, so wie sich der holde Tau der Lust mit meinen Blutstropfen mischte. Ich fühlte eine zarte und unaussprechliche Wonne in mir aufsteigen und versank in einen Abgrund der Lust. Kraftlos lag ich in den Armen des Geliebten und fühlte mich sterben, während ich die unaussprechlichsten Wonnen, eine subtile Art von Qual erlitt, die mir heute noch unbeschreiblich erscheint.

Welch wundervoller Zustand! Neue Zärtlichkeiten riefen mich wieder ins Leben zurück. Er küsste mich, seine Hand liebkoste meine Brüste und meine Liebesgrotte, er spreizte meine Beine in die Luft, um sein Werk zu besichtigen. Ich fasste währenddessen nach seinem Instrument, das unter meinen Liebkosungen sofort seine ursprüngliche Festigkeit wieder annahm. Und alsbald ging er wieder an meine Eroberung. Noch war das schmale Pförtchen nicht leicht zu durchbrechen, doch die immer liebenswürdige Lucette besänftigte mich durch ihre Liebkosungen, und ich versank von neuem in jene wollüstige Apathie, die ich eben kennengelernt hatte.

Der Mann, der mein Vater gewesen und nun mein Liebhaber war, nahm voller Stolz über seine Eroberung und bezaubert von dem Opfer, das ich ihm dargebracht hatte, das Kissen, auf dem dieses Opfer vollzogen worden war – es zeigte die Spuren des vergossenen Blutes und betrachtete diese Trophäe seines Sieges liebevoll.

«Meine Laura, geliebtes und liebenswürdiges Kind», sagte er schließlich, „Lucette hat deine Lust gesteigert. Erscheint es dir da nicht gerecht, dass wir sie nun daran teilnehmen lassen?»

Ich umschlang ihren Hals und zog sie auf das Bett. Er nahm sie in die Arme und zog mich an ihre Seite. Ich schürzte ihre Röcke und fand sie darunter ganz feucht.

„Ah, wie feucht du bist, meine Liebe! Ich werde dein Vergnügen erhöhen, wenn ich es kann.» Ich nahm seine Hand und ließ ihn einen Finger in ihre Grotte stecken, wo er Kommen und Gehen spielte, während ich sie kitzelte. Sie zögerte nicht, in dieselbe wollüstige Ekstase zu verfallen, die ich vorhin so glücklich an mir erfahren hatte.

O meine geliebte Eugenie, wie wundervoll war dieser Tag für mich! Ich gestehe dir, meine teure Freundin, es war der schönste Tag meines Lebens und zugleich der erste, an dem ich die Wonnen der Liebe in ihrem vollen Umfang erfahren habe. Selbst, wenn ich heute daran denke, überkommt mich ein wollüstiger Schauer, den ich dir nicht beschreiben kann.

In dem Raum herrschte eine angenehme Wärme. Ich fühlte mich so, wie ich war, unendlich wohl, und hatte kein Bedürfnis, mich wieder anzuziehen. Ich befand mich in einer Art von süßem Wahnsinn und wollte, nackt wie ich war, mit meinen beiden Lieben soupieren. Die wachsame Lucette hielt die Dienerschaft fern. Sie war liebenswürdig genug, uns ganz allein zu bedienen, nachdem sie die Türen sorgfältig verschlossen hatte. Ich wollte, dass auch sie sich in diesem Zustand sehen ließ, und entkleidete sie eigenhändig. Ah, wie reizend erschien sie mir. Wir setzten uns zu Tisch. Mein Geliebter saß zwischen uns und wurde von uns beiden mit Zärtlichkeiten verwöhnt, die er uns bereitwillig wiedergab.»

«Mein Gott, ist das ein unanständiges Buch!»

«Laura! Hast du nicht verstanden, was ich am Anfang hier erklärt habe? Steh auf und komm her.

Es ist verboten, irgendetwas unaufgefordert zu sagen. Nimm die Arme hoch und verschränke sie hinter deinem Kopf. Dreh dich zur Tafel und zeige deinen nackten Po vor der Klasse zur Züchtigung. Beug dich vor und stütz dich mit deinen Händen auf deinen Knien ab. Zeig den anderen deinen schönen Po. Los, mach schon!»

«Auua.»

«Ich hab dir gesagt, du sollst dich bücken und der Klasse deinen Po zeigen! Weißt du, warum ich dir mit der Gerte zwischen deinen Schenkeln leichte Schläge gebe? Damit du deine Beine weit auseinander spreizt. Deine Mitschülerinnen sollen auch deine Pussy sehen.»

«Auuuuahh!»

«Mach die Beine breit. Zeig ihnen deine Pussy, sonst bekommst du noch mehr Hiebe.»

«Auua. Auua.»

«Mary, Pauline, Esther! Schaut genau her. Laura muss sich erst noch eingewöhnen, daher bedarf es bei ihr ein paar mehr Hiebe.»

«Auuaaah! Auuuuaaaah!»

«Ist das nicht ein schönes Bild, meine Damen? Laura, du bleibst gebückt, bis ich dir erlaube, dich aufrichten.»

«Auuaaah! Auuuaaaah! Auuuuuahh!»

«Das war ein Spanking mit drei mal drei Hieben. Beim nächsten Mal bekommt du drei mal sechs. Jetzt wirst du mit erhobenen Händen eine halbe Stunde vor der Tafel stehen bleiben, damit alle deinen rot gestriemten Po vor Augen haben. Wenn du dich bewegst, erhältst du wieder drei Hiebe. Mary, du kannst weiterlesen.»

«Bald waren wir aufs Neue entflammt. In einem so erregten Zustand war es nur verständlich, dass sich die geliebte Waffe, der ich mich vorhin so tapfer unterworfen hatte, wieder in ihrer vollen Stärke aufrichtete. Die Tafelfreuden verloren bald alles Interesse für uns und wir eilten zu unserem geliebten Bett. An diesem Tag, der einzig und allein mir gewidmet war, empfand ich noch einmal die vollen Wonnen der Liebe.

Mein Geliebter legte sich an meine linke Seite, seine Schenkel unter den meinen, die ich geöffnet hielt. Kräftig pochte seine Lanze an meinen Eingang. Lucette nahm meinen Kopf zwischen ihre Knie. Ihre reizende Katze war direkt vor meinen Augen. Ich streichelte und kitzelte sie und liebkoste ihr Hinterteil, das munter in die Luft ragte. Ihr Leib berührte meine Brüste, ihre Schenkel waren zwischen meinen Armen. Wir glühten alle drei vor Begierde. Sie öffnete meine Schamlippen, die von einem lebhaften Rot waren. Es schmerzte mich ein wenig, als Lucette seine harte Lanze mit behutsamen Fingern in mich einführte, ich litt. Doch ertrug ich diesen Schmerz in der Hoffnung auf eine höchst erfreuliche Sensation. Lucette selbst bahnte dem köstlichen Instrument den Weg. Es drang mühelos ein, während sie mich kitzelte. Ich leistete ihr währenddessen einen ähnlichen Dienst, während die Finger meines Geliebten in Lucettes Grotte spielten. Er wiederholte dabei die Bewegungen, die sein Instrument ohne Unterbrechung in mir vollführte. Ah – all diese Variationen, diese Stellungen, diese Vielfalt von Sensationen! Wir fühlten, wie die Lust über uns zusammenschlug. Halb ohnmächtig vor Lust verströmten wir uns beinahe gleichzeitig. Danach waren wir wohlig ermattet. Lucette stand auf, um Ordnung zu machen, und als sie damit fertig war, legten wir uns alle in ein Bett und schliefen aneinandergeschmiegt ein. Diese Nacht war in meiner Vorstellung mehr als der festlichste Tag.»

«Danke Mary. So, das ist für heute genug. Morgen lesen wir weiter in dem Kapitel, in dem Laura anal entjungfert wird. Bleibt sitzen. Ich habe noch eine freudige Mitteilung zu machen. Mary wird uns übernächsten Samstag verlassen. Sie wird Lord Ashton heiraten.»

«Meinen Vater?»

«Laura, schrei nicht so! Sei ruhig. Ihr Anderen auch. Ich kann verstehen, dass ihr euch für Mary freut. Ihr könnt ihr nachher, wenn ihr euch fürs Dinner fertig macht, gratulieren.

Für Mary war dies die letzte Unterrichtsstunde, sie ist von jetzt an von der Schulung befreit und wird auch nicht mehr in eurem Schlafsaal übernachten, sondern ein eigenes Zimmer bekommen. Sie wird auch nicht mehr zu den Schulungsparties bei Lord Westenbury zugezogen, da sie ab heute mit Lord Ashton verlobt ist. Ihr könnt jetzt auf euer Zimmer gehen. Laura du gehst mit ihnen, ziehst dich für das Dinner um. Die Mistress wird dir alles erklären und kommst dann in mein Office. Mary, du packst deine Sachen aus dem Schlafraum und gehst zu Misses Halton, die dir dein neues Zimmer zeigt.»

Aufenhaltsraum

«Du willst meinen Vater heiraten? Ich hasse dich!»

«Laura. Dein Vater will mich.»

«Lass Mary in Ruhe, Laura! Mary ist ein ganz liebes Mädchen und sie war eine gute Kameradin für uns. Ich freue mich für sie.»

«Ach. Esther. Versteh doch. Sie würde meine Mutter werden.»

«Deine Stiefmutter, ja. Aber das hat wohl dein Vater für sich entschieden.»

«Ich will hier weg.»

«Hier kommst du nicht weg. Das Zimmer wird Abends abgeschlossen und vor dem Fenster sind Gitterstäbe, wie du siehst. Außerdem haben sie Hunde hier. Ich würde es nicht empfehlen, zu fliehen.»

«Wie furchtbar.»

«Wir müssen uns für das Dinner fertig machen. Dazu tragen wir die Kleider, die auf dem Bett liegen. Laura, zieh deine Uniform aus.»

«Das Kleid ist ja vollkommen durchsichtig!»

«Laura, das ist hier üblich.»

«Esther, das ist entsetzlich. Da sieht man den Busen und unten ...!»

«Ja. Laura. So wollen es der Lord und Madame Celine.»

«Was ist hier los? Esther! Antworte!»

«Mistress, Laura findet das Gazehemd zu durchsichtig.»

«Laura. Es ist Sommer. Das Gazehemd wird immer zum Dinner im großen Speisesaal getragen. Wenn es kühler wird, ist der Saal beheizt und ihr bekommt einen langen Faltrock, der mit einem Knopf zu öffnen ist. Zieh die Schuluniform aus und das hier an. Auch die langen weißen Seidenstrümpfe.»

«Nichts drunter?»

«Nur die Strümpfe und deine Schuhe. Und dann geh zu Madame Celine.»

*

«Laura! Komm her. Zeig dich. Dreh dich herum. Gut. Siehst du den großen Spiegel an der Wand? Stell dich davor und sieh dich an!»

«Das Hemd ist ganz durchsichtig und reicht nur bis ...!»

«... zu deiner Pussy. Ich habe dich nicht gefragt! Siehst du da hinten vor dem Fenster den hohen ledernen Ottomanen? Über den wirst du dich beugen müssen, wenn ich dich hier in meinem Office spanken muss. Also. Der Lord verlangt diese Kleidung. Es sieht doch auch sehr hübsch aus, mit den weißen Seidenstrümpfen.

Du gehst jetzt gleich mit den Anderen in den Speisesaal. Während des Dinners werdet ihr nicht miteinander reden und sprechen dürft ihr nur, wenn ihr aufgefordert werdet. Danach folgst du mir und dem Lord.»

*

«Komm, tritt ein. Dies ist unser Drawing Room, unser großes Gesellschaftszimmer, das große Spielzimmer des Lords.»

«Das Spielzimmer?»

«Laura. Ich habe dir nicht erlaubt Fragen zu stellen. Geh hinein. Du wirst schon sehen, was gespielt wird. Hier wirst du gefickt!»

«Ich bin noch nie ...!»

«... gefickt worden? Schau mich an, wenn ich mit dir rede. Das wird sich ab heute Abend ändern. Das verschlägt dir jetzt hoffentlich die Sprache, weil du ab sofort nur noch etwas sagst, wenn du antworten sollst. Andernfalls erhältst du drei Hiebe mit der Peitsche.»

«Ah. Die Neue. Willkommen im Play-Ground. Laura, sieh dich um! Die in Öl gemalten Porträts in den schweren goldenen Rahmen an den Wänden sind alles meine Vorfahren, die hier mal gelebt haben. Du siehst hier auch die verschiedenen Möbel, die ich dir später noch erklären werde. Du bist sehr hübsch. Lass dich ansehen.»

«Aua.»

«Ach, so ein kleiner Klaps auf deinen Po tut doch nicht weh. Du hast einen süßen Po. Celine! Ist Laura vorbereitet?»

«Nein. My Lord. Sie wollen eine Jungfrau doch unvorbereitet.»

«Soso. Ist sie wirklich Jungfrau?»

«Sir. Ich habe sie inspiziert. Sie ist unberührt.»

«Na. Wunderbar. Laura, du siehst hier

verschiedene Möbel. Du wirst sie mit der Zeit alle kennenlernen. Aber siehst du diesen großen, sehr niedrigen Tisch?»

«Ja, Sir. Er ist sehr niedrig.»

«Er ist nur zwei Fuß hoch, aber sechs Fuß breit und zwölf Fuß lang. Er ist wunderbar gepolstert und mit schwarzem Leder bezogen. Es ist unser Play Table. Celine! Ziehen Sie ihr das Gaze Hemd aus.»

«Sir, dann bin ich nackt!»

«Laura. Für diesen Satz wirst du bestraft. Bück dich und stütze dich mit den Händen auf dem Tisch ab. Celine! Drei Hiebe mit der Gerte.»

«Sehr wohl, MyLord. Mit Vergnügen. Laura, mach die Beine auseinander. Der Lord möchte deine Pussy sehen.»

«Aua!»

«MyLord, hat sie nicht einen schönen Po und eine süße Spalte?»

«Ja, sehr schön. Geben Sie diesem Po ein Spanking. Die Spalte schaue ich gleich an.»

«Auaah, Auaah!»

«Laura. Ich hoffe, Madame Celine hat dir klar machen können, dass du deinen Mund hältst. Jetzt setz dich in die Mitte des Tisches. So ist es gut. Ich werde mich in diesem Sessel davor setzen. Öffne deine Beine und spreize sie weit auseinander, ich will dein süßes Kätzchen sehen. Laura, dein Vater hat dich hierher gebracht, weil du zu Hause dein Kätzchen sehr oft selbst gestreichelt und dich zum Orgasmus gebracht hast. Stimmt das? Antworte!»

«Ja.»

«Lauter und richtig!»

«Ja, Sir.»

«Dann zeig mir jetzt hier, wie du dich gestreichelt hast. Los, nun mach schon. Sonst wirst du wieder gepeitscht. Na, siehst du, es geht doch. Zeig es mir. Zeig, wie dein Finger über deinen Kitzler kreist. So ist es fein. Ja, mach weiter. Schön weitermachen. Reibe kräftig. Du darfst ruhig dabei stöhnen. Mach weiter. Ich will, dass du kommst. Reibe deine süße Katze. Reibe dich zum Orgasmus. Stöhne ruhig lauter. Ich erlaube dir einen Orgasmus. Ich will sehen, wie du dich immer zum Orgasmus gestreichelt hast. Ja, dein Körper zittert schon.»

«My Lord. Ich glaube, die Kleine kommt wirklich. Ihre Schamlippen sind ganz geschwollen und gerötet.»

«Ja, ist es nicht süß. Ja, jetzt. Sehen Sie, wie es sie durchschüttelt. Wunderbar. So ein süßer kleiner Orgasmus. Laura, das hast du gut gemacht. Das war schön anzusehen. Ja, leg dich nun flach auf den Tisch und erhol dich. Celine, bringen Sie mir bitte meinen Drink.»

«Den Dalmore von 1868?»

«Ja, den brauche ich. An so einem Tag ist nur der Beste gut genug. Ist sie nicht ein schönes Mädchen? Dieser Körper, diese perfekten Linien, wunderbar.»

«My Lord, sie ist wunderschön. Genau richtig für unsere vergnügten Schulungen.»

«Ja, das ist sie. Bereiten Sie die Riemen an der Fuck Bench vor.»

«Ja. My Lord, mit Freude.»

«Hach, der Schluck tat gut. Laura, komm

vom Play Table herunter!. Siehst du dort dieses seltsame Möbelstück? Es hat in der Mitte eine hohe gepolsterte lange Bank und an den beiden Seiten kleine lange Auflagen, die auch gepolstert sind. Steig hoch und beug dich auf die hohe Bank. Ja schön, rutsch etwas zurück, damit dein Popo schön übersteht und knie dich mit deinen Beinen auf die Auflagen. So ist es richtig. Celine, schnallen sie ihre Arme fest. Laura, ich muss deine Beine auf den Auflagen festschnallen. Halt still!»

«My Lord, Laura ist fest.»

«Ziehen sie die rechte Auflage weiter weg, Celine, ich die Linke. So sind ihre Schenkel weit gespreizt. Ist das ein schöner Anblick. Dieses süße Kätzchen, diese Blume. Diese süßen kleinen Schamlippen. Herrlich.»

«Ja, MyLord, es ist ein traumhafter Anblick.»

«Ich denke, ich brauche meine Hose nicht mehr. Legen Sie sie in den Sessel.»

«Ja. MyLord.»

«Laura, kannst du deinen Kopf etwas heben? Siehst du mein steifes Glied. Ja! Du siehst es und bekommst herrlich rote Wangen. Ach, wie süß. Weißt du, was das für ein Möbel ist, auf dem du festgeschnallt bist? Ich glaube nicht. Es ist eine Fuck Bench, eine Fick-Bank. Hast du das Wort Ficken schon mal gehört? Antworte!»

«Ja.»

«Sags mir lauter und wann und wie hast du es gehört.»

«Von einer Freundin und heute von Madame, Sir.»

«Dann weißt du auch, dass Männer ihre

Frauen ficken. Sie ficken sie mit ihren harten Pricks. Also, auf dieser Fick-Bank wirst du jetzt von mir entjungfert und richtig gefickt. So, wie du es wahrscheinlich schon geträumt hast, als du dich zu Hause zum Orgasmus gestreichelt hast. Du hast eine wunderschöne Blume, meine Kleine. Ich bin jetzt direkt hinter dir. Deine süßen kleinen Schamlippen sind genau vor meinem Glied. Spürst du mein pochendes Glied an deiner Spalte, deinem Kätzchen, deiner Blume? Jetzt erlebst du, wie ein Mädchen gefickt wird. Jetzt halt still. Es ist das Recht, das ich als Hausherr habe. *Das Jus de deflorement corporel!* Mein Recht auf *körperliche Entjungferung* eines Mädchens oder einer Dienstmagd. Ich werde dich entjungfern. Ich werde dich zur Frau machen. Ich werde jetzt eine jungfräuliche Blume pflücken und sie genussvoll ficken!»

«Ahhhhhhh!»

«Herrlich. Dieses enge Fötzchen. Hmm, eine wunderbare jungfräuliche Blume habe ich gepflückt. Du spürst jetzt die ganze Länge meines Gliedes. Er steckt tief in dir. Fühl es. So, jetzt werde ich langsam beginnen dich zu ficken. Jetzt kommt der Spaß. Herrlich. Oh, ist sie eng. So wirst du langsam daran gewöhnt. Das ist deine Schulung bei mir. Dies ist eine Fickschule für junge Damen. Hier wirst du ausgebildet, wie du deinem späteren Ehemann zu dienen hast. Und eine Ehefrau dient ihrem Mann in erster Linie, indem sie sich gehorsam ficken lässt. So, jetzt werde ich dich etwas schärfer zureiten. Celine, sehen Sie, wie schön sie sich ficken lässt?»

«My Lord. Es ist ergötzlich zu sehen. Und wie

sie weint. Die Tränchen fließen.»

«Das soll sie ruhig. Das entspannt sie. Jetzt werde ich sie richtig ficken. Ja, so ist es gut. Schluchze und stöhne mein Kind. Ich werde dich sehr ausdauernd ficken.»

«Ja, MyLord. Ficken Sie sie. Ficken Sie sie kräftig. Ja. Oh, wie schön. Ja, My Lord, spritzen Sie. Wie Sie alles auf ihren Rücken und den süßen Po spritzen. MyLord, welch ein herrliches Bild.»

«Ach, war das eine schöne Entjungferung. Ich hätte sie so gerne besamt. Aber das wird später in ihren Po geschehen. Da bekomme ich meine volle Befriedigung.»

«My Lord. Sie sollten zu ihren Kopf kommen und ihr Glied säubern lassen.»

«Ja. Schau nur hin, Laura. Schau auf mein Glied. Mit diesem harten Degen habe ich dich entjungfert. Es war ein Genuss dich zu entjungfern, deine Blume zu pflücken. Jetzt bist du durch mein hartes Glied zur Frau geworden. Mach deinen Mund auf. So ist es gut. Mach ihn weit auf. Noch weiter. So jetzt stecke ich mein Glied in deinen Mund. Auch dafür ist dein Mund geschaffen. Schließ deine Lippen und säubere mein Glied mit deiner Zunge. So ist gut. Ja. So wirst du es von nun an immer machen, ohne dass ich es sagen muss. Wenn ich meinen Samen verschossen habe, dann wirst mit deinem Mund mein Glied säubern. Das ist die erste Anweisung, wie du mir zu dienen hast. Hast du verstanden? Du kannst nicht antworten. Leck mein Glied sauber. So ist es gut. Celine, wir sollten es uns in den Sesseln wieder bequem machen und bitte reichen Sie mir noch einen Drink.»

«Mylord, bitte schön.»

«Setzen Sie sich zu mir. Ist das nicht ein schöner Anblick, ein frisch entjungfertes zierliches Mädchen auf der Fuck Bench direkt vor uns.»

«Ja, MyLord, es erregt auch mich.»

«Ich habe gehört, Misses Halton musste sie züchtigen?»

«Ja, Mylord. Es war notwendig. Sie war uneinsichtig. Sie hat auch während des Unterrichts vor der Klasse ein Spanking erhalten müssen. Sie war vorlaut.»

«Sehr gut. Laura! Du bleibst festgeschnallt. Ich habe noch mehr vor und muss mich stärken. Jetzt zu deinen Aufgaben als mein Mädchen. Du weißt, dass du hier in diesem Zimmer immer nackt sein wirst und wenn ich nach meinem Mädchen rufe, dann wirst du zu mir kommen und dich mir nackt anbieten und warten, was ich mit dir machen werde. Wenn ich dich so zu mir rufe, dann heißt es, dass du wie auch immer gefickt wirst. Das ist die Grundlage der Schulung hier in dieser Boarding School. Du bist ein wirklich wunderschönes junges Mädchen, Du hast ein niedliches Gesicht, schöne kleine Brüste, eine edle glatte Haut, einen wunderschönen kleinen Popo und da unten meine Lieblingsstelle. Eine süße Spalte, die meinem Glied sehr viel Freude machen wird. Deine Aufgabe ist es, mein Glied vorab hart zu machen. Es muss hart und steif sein, nur dann kann ich mein Mädchen befriedigend ficken! Dazu wird dich Madame Celine ausbilden. Das ist die Grundlage unseres Erziehungsauftrages. Im französischen heißt es: *Une éducation très stricte et formation, eine strenge*

Erziehung und Ausbildung. Die Ausbildung gibt deinem Geist Klarheit, Halt und damit auch feste Vorgaben, einen vorgegebenen Tagesablauf, an dem du dich orientieren kannst. Und du erhältst Lektionen, die du erlernen, üben und beherrschen musst. Lektionen, die dir zeigen, wie du dich gehorsam ficken lässt und wie du besondere Wünsche hoher Herrn mit deinen Händen, deinem Mund und deinem Körper zu erfüllen hast.»

*

«Ich denke, ich bin bereit, die zweite Aufgabe zu meistern.»

«My Lord. Eure Männlichkeit ist wieder hart und steif. Sie werden Ihre verantwortungsvolle Aufgabe meistern. Laura. Jetzt wirst du ganz besonders gefickt. Meine kleine Laura. Jetzt wird dich der Lord einmal anders ficken. Das wird sehr neu für dich sein. Lass dich überraschen, wie du gefickt wirst. Ach, wie freue ich mich darauf, das zu sehen.»

«Ich muss sie erst noch vorbereiten. Ein paar schmerzhafte Hiebe auf den Po, lassen sie die Schmerzen des Eindringens vergessen. Außerdem erhöht es die Lust, in einen gestriemten Po einzudringen. Laura! Drei Hiebe der Liebe.»

«Auuuaaaah! Auuuaaaah! Auuuaaaah!»

«Laura, mein liebes Kind. Jetzt erhältst du von mir die erste Erziehungs-Lektion der Hohen Schule. Jetzt wirst du gefickt, wie es zur Erziehung zu einer Ehefrau Pflicht ist. Du hast einen solch süßen Popo. So wird ein junges Mädchen geschult. Lass dich gehorsam in den Po ficken. Das ist deine Erziehung.»

«Aaaaaahhhhhhhhh!»

«MyLord. Welch schöner Schrei! Ficken Sie Ihr Mädchen. Ficken Sie sie in den Po! Hat sie nicht einen wundervollen kleinen Popo? Dieser Popo muss gefickt werden, besamen Sie sie. Spritzen Sie ihr Ihren Samen hinein.»

«Diese Enge. Dieser kleine süße Po. Diese enge Öffnung. Es ist ein Genuss, wie Sie es sich nicht vorstellen können, Madame. Es ist ein unbeschreibliches Gefühl, einen solch engen Po ficken zu können. Sie ist ein Traum, unsere kleines Laura. So schmale Lenden. Sie wird mir noch viel, viel Freude bereiten.»

«Sie weint, MyLord. Aber sie ist tapfer.»

«Sehen Sie, wie sie sich brav ficken lässt? »

«Das ist ein ästhetischer Anblick, MyLord. Ein junges schönes Mädchen, auf einer Fuck Bench festgebunden und von hinten in den Po gefickt. Das ist, was ich mag. Daran kann ich mich gar nicht genug dran satt sehen.»

«Schauen Sie zu, Celine. Ergötzen Sie sich daran. Ich weiß, wie sehr es Ihnen gefällt.»

«My Lord, ich sehe, wie erregt Ihr seid. Euer Glied ist so dick und fickt dieses junge Mädchen mit aller Kraft. Ja. Oh. Er ist herausgerutscht. Darf ich ihn wieder in das enge Löchlein stecken?»

«Ja, Celine.»

«Danke, MyLord. Sie wissen, welches Vergnügen mir das bereitet. Ich bin Ihnen so dankbar. Ohja. Schieben Sie Ihr Glied ganz tief hinein. Sie müssen sie aufspießen. Oh, Sie ficken sie wirklich kräftig. Ihr kommt, MyLord. Ich fühle es, ich knete Ihre Eier, damit sie alles hineinspritzen. Jaaaa! Spritzen Sie Ihren Samen tief in ihren süßen Po. Ja! Spritzt alles hinein!»

«Ohja. Das war ein herzoglicher Fick. Eines Lords würdig. Oh, tat mir das gut.»

«Laura, lass mich deine geröteten Wangen streicheln. Sei ein gehorsames Mädchen und lass dich vom Lord immer so ficken. Das haben wir Frauen alle einmal durchgemacht und später macht es Spaß!»

«Ach, Celine. Das muss sie erdulden, so wie es alle jungen Mädchen erdulden, die zu Ehefrauen erzogen werden. Dazu werden sie letztendlich einzig und allein erzogen, dass sie sich gehorsam in den Po ficken lassen. Das ist der höchste Genuss, den eine junge Ehefrau ihrem Ehemann bieten kann.»

«My Lord. Ich danke Ihnen vielmals, dass ich das miterleben durfte. Ich denke, ich brauche jetzt ein wenig Zeit, um das alles bei einem Glas Wein zu verarbeiten.»

«Ja. Wir wollen uns auf das Sofa setzen. Wollen Sie sie losbinden, Celine?»

«Laura! Wirst du gehorsam sein, dann binde ich dich los. Andernfalls wirst du die Nacht festgebunden bleiben. Gut. Du nickst mit dem Kopf. Steh auf, geh zum Lord und bedanke dich brav, dass du gefickt worden bist.»

«Sir! Ich danke Ihnen, dass Sie mich gefickt haben.»

«Gut, Laura. Es war mir eine Freude. Du bist sehr schön.»

*

«Guten Morgen meine Damen. Wir beginnen, wie jeden Morgen. Stellt euch in einer Reihe auf, Hände hinter dem Kopf verschränkt! Wir alle singen aus voller Brust für unsere Queen Victoria:

God save our gracious Queen,
long live our noble Queen,
God save the Queen!
Send her victorious,
Happy and glorious,
Long to reign over us;
God save the Queen!

Meine Damen! Herhören! Ihr werdet es sicher schon beim Frühstück erfahren haben, unsere neu hinzu gekommene Laura ist gestern Abend erfolgreich durch den Lord entjungfert und damit zur Frau gemacht worden. Ihr dürft ihr jetzt gratulieren und ihr einen Kuss geben.»

«Gratuliere dir, Laura.»

«Danke, Esther.»

«Ich möchte dir auch gratulieren, Laura.»

«Danke, Pauline.»

«Ja. Madame?»

«Laura, komm her. Ich gebe dir dein Disciplinary Diary.»

«Mein Disciplinary Diary?»

«Das ist dein Tagebuch, in dem du alle disziplinarischen Maßnahmen einträgst, die du während deiner Schulung hier erhältst. In das Diary wird jede Züchtigung eintragen, die du erhältst. Ob du ein Spanking erhalten hast oder ob du gepeitscht worden bist. Du wirst schreiben, wann, wo und von wem du wie viele Hiebe mit welchen Züchtigungsinstrument erhalten hast. Gespanked wirst du in diesem Haus bei Nachlässigkeit immer auf den nackten Po mit der Hand, der Tawse oder dem Stock. Gepeitscht wirst du bei Bestrafungen für Ungehorsam mit der Reitgerte oder der Single Tail. Offiziell heißt das Buch Tagebuch, aber ich nenne es auch, dein Fuckbook.»

«Fuckbook?»

«Lustig, wie entsetzt du schaust, Laura. Ja, es ist dein Fuckbook. Ich sage es gerne vor deinen Mitschülerinnen, die auch ein Fuckbook haben. Laura, du wirst hier vom Lord in das Liebesspiel eingeführt. Im Unterricht wirst du ausgebildet, in der Schulung wirst du gefickt. Deine Schulung hat gestern Abend angefangen, als der Lord dich entjungfert hat. In dieser Schule nennen wir Ficken Schulung und die Bezeichnung wird verwendet, wenn Fremde anwesend sind. Dieses Buch ist dein Ficktagebuch und jeweils in der ersten morgendlichen Stunde wird darin eingetragen, wie oft und wie du am Vortag oder in der Nacht geschult, also gefickt worden bist.

Du wirst hier während deiner Erziehung vom Lord gefickt werden und das heißt Schulung. Verstanden? Du wirst auch bei bestimmten

Schulungsparties gemeinsam mit den anderen Mädchen gefickt werden. Diese Erziehungsparties werden dir noch ausführlich erklärt. Sie dienen dazu, dir die Anmut des Liebesaktes aufzuzeigen. Über jede Schulungsparty wird von dir am folgenden Unterrichtstag ein gesonderter ausführlicher Bericht geschrieben. Die Erziehungsparties finden im Drawing Room statt, unserem großen Gesellschaftsraum. Wir nennen ihn auch Playground. Diese Bezeichnung dürft ihr im Diary verwenden. Hast du das verstanden? Antworte!»

«Ja. Madame.»

«Ich werde dir bei der ersten Eintragung helfen.»

«Setzt Euch. Wir wollen beginnen. Schlagt euer Fuckbook auf. Esther, du bist gestern Mittag vom Lord gefickt worden, berichte das. Laura, du bist gestern vaginal und anal entjungfert worden und du wirst das jetzt eintragen und beschreiben. Du brauchst gar nicht so verwundert zu schauen. Das ist hier Pflicht, du wirst es schreiben, andernfalls erhält du die Peitsche. Ich komme gleich zu dir. Pauline, schreib deine Gedanken zur Lauras Entjungferung auf, die Geschichte, die wir gestern gelesen haben. Laura! Vorab soll ich dich wissen lassen, dass der Lord nach dir verlangt. Nach dem Lunch gehst du zum Lord. Du erhältst eine besondere Schulung So und jetzt macht die Eintragungen ins Fuckbook.

Laura! Setz dich auf deinen Platz. Schreib auf die erste leere Innenseite, Mein Disciplinary Diary, Laura. Keinen Familiennamen. Schlag die zweite

Seite auf. Oben trägst du immer das Datum ein. Heute ist Samstag, der 17. August 1889. Darunter fang an: Ich wurde gestern, Freitagabend, von Lord Westenbury auf die Fuck Bench gebunden und mit seinem steifen Glied vaginal entjungfert und dann gefickt. Anschließend wurde ich anal entjungfert und ausdauernd im Po gefickt. Das schreibst du! Mit diesen Worten! Ich wurde zweimal mit der Reitgerte des Lords gepeitscht. Einmal mit drei Hieben vor der vaginalen Entjungferung und das zweite Mal vor der analen Entjungferung, ebenfalls mit drei Hieben. Am Schluss schreibst du immer, dass du dich bedankt hast. Also: Ich habe mich bei Lord Westenbury bedankt, dass er mich gezüchtigt und gefickt hat. In dieser Art beschreibst du in Zukunft immer, wie du geschult wurdest. Du darfst es auch ausführlich beschreiben. Dafür gibt es Pluspunkte.»

Lord Westenbury's Play Ground

«Laura, komm herein. Lass dich ansehen. Deine Schuluniform steht dir sehr gut. Leg die Hände hinter den Kopf und komm näher. Hmm, deine Pussy ist schon schön rasiert.»

«Miss Halton hat es heute morgen gemacht, MyLord.»

«Eine blank rasierte Pussy ist hier Pflicht. Ohja. So fühlt sie sich auch gut an.»

«Oh, Sir.»

«Dreh dich herum und bück dich.»

«Sir! Sir!»

«Ich habe nur meinen Finger in dein enges hinteres Löchlein gesteckt. Das Löchlein, das mir viel Freude machen wird. Well, wir setzen uns auf das große Sofa.»

«Danke, Sir.»

«Dieser kleine Raum ist mein privates Exerzitien Zimmer. Hier werden wir gemeinsam Exerzitien abhalten. Das sind gemeinsam Stunden der inneren Einkehr und Aussprachen und ein Ort des Übens. Exerzitien heißt nicht anderes als Übungen. Hier wirst du geschult. Das heißt, du wirst gefickt. Das weißt du?»

«Ja, Sir.»

«Du wirst es noch nicht ganz begriffen haben. Du hast eine angeborene ausgeprägte Lüsternheit, die letztendlich nur ein dominanter Ehemann bei dir im Zaum halten kann. Dominante Männer, die dein Verlangen zügeln können, setzen hohe Ansprüche an eine zukünftige Ehefrau. Sie wollen eine Ehefrau, die ihnen höchste Befriedigung schenken kann und dazu alle infrage kommenden Liebesspiele beherrscht. Wir werden für dich einen attraktiven Ehemann suchen und das können wir, wenn du alle Stellungen und Praktiken beherrschst. Du wirst hier geschult, wie du dich ficken lassen kannst, um deinem Ehemann das große Glück zu bringen.

Du siehst, hier steht nur kleinerer mit Leder bezogener Tisch. Er ist hier nur 3 Fuss breit und sechs Fuss lang, aber das reicht. Im Drawing Room, den du kennst, steht der wesentlich größere. Du siehst, ich habe meinen Hausmantel geöffnet und mein Glied steht schon wunderbar. Komm, reich mir deine Hand. Ich will dich übers Knie legen.»

«Sir?»

«Ja. So liegst du gut. Deine Schuluniform ist deshalb so praktisch, da dein hübscher nackter Po jetzt direkt vor meiner Hand liegt.»

«Aua!»

«Ach. Laura. Ein klein wenig Spanking lockert das Gemüt.»

«Aua. Aua.»

«Zum Vorgeschmack werde ich deinen Po ein wenig röten.»

«Aua, Aua. Aua.»

«Wenn meine Hand an deine Pussy kommt, fühle ich eine gewisse Feuchte. Das werde ich ein wenig fördern.»

«Aua. Aua.»

«Hmm, Du wirst richtig nass, wenn man dich streichelt. Das ist sehr brav. Erheb dich und setz dich neben mich!»

«Danke, MyLord.»

«Jetzt erhältst du eine kleine Lektion. Umfass mein Glied mit deiner rechten Hand ja, so ist richtig. Warum weinst du? Antworte!»

«Sir! Ich habe noch nie ein ...!»

«... steifes Glied angefasst? Es ist immer ein erstes Mal. Jetzt beweg deine Hand auf und ab. Das macht ihn noch steifer. Das nennt man Wichsen. Also, bei den Exerzitien werden wir uns eingehend über das Ficken unterhalten und du wirst mich dabei wichsen. Öffne deine Beine, dann kann ich auch ab und zu deine Pussy streicheln. Nun, Laura. Hier dreht sich alles ums Ficken. Du bist hier, weil du von mir, Madame Celine und anderen dazu erzogen wirst, dich immer gehorsam ficken zu lassen. Das ist das A und O deiner Erziehung hier. Du sollst während deiner Vorbereitung zur Ehe von uns nicht nur in verschiedene Liebesspiele unterwiesen werden, mit denen du später deinem Ehemann dienen kannst, sondern darüber hinaus werden wir dir in den nächsten Wochen auch spezielle Praktiken beibringen, die Männer besonders mögen. Wie geht es dir, nach dem du gestern von mir entjungfert und ich dich zu einer Frau gemacht habe?»

«Sir. Mir geht es gut.»

«Das ist brav. Du bist auch nicht mehr so störrisch, wie gestern Nachmittag, als dein Vater dich abgegeben hat.»

«Ich werde brav sein, Sir.»

«Das ist gut. Du siehst, hier in diesem Zimmer steht auch ein hölzerner Zuchtbock, auf den ich dich aufschnallen und auspeitschen kann, wenn du nicht brav bist. Und das möchtest du doch nicht, oder?»

«Nein Sir. Bitte nicht. Ich werde gehorsam sein.»

«Reibe mein Glied schön weiter. Wie geht es deinem Po?»

«Madame hat gestern Abend und heute Morgen Salbe aufgetragen.»

«Und dein Löchlein dort?»

«Es hat gestern sehr weh getan.»

«Ja, Laura. Das ist ein Opfer, das du bringen musst. Du wirst auch gleich auf diesem Tisch von mir in den Po gefickt. Es muss sein, damit du mit der Zeit den besonderen Liebreiz dieser Praktik entdeckst, die dir hilft, sinnlicher zu werden. Es ist eine Praktik, die alle Männer an ihren Frauen vollziehen und du musst hier die Geduld lernen, die dazu notwendig ist, um später deinem Ehemann die höchste Befriedigung zu ermöglichen. Weißt du, alle die hochgestellten, meist adligen Männer, aus höchsten gesellschaftlichen Kreisen, sie wollen Ehefrauen, die darin ausgebildet sind, dass sie sich gehorsam und freudig in den Po ficken lassen. Die Gentleman, die bei uns auf der Suche nach einer geeigneten Ehefrau sind, setzten das als eine absolute Bedingung voraus. Eine weitere Bedingung, die sie auch stellen, ist, dass die Ehefrau sie perfekt mit dem Mund befriedigen und seinen Samen schlucken kann. Das werde ich dir in den nächsten Wochen intensiv beibringen, bis du das beherrschst. Ich werde dich aber auch sehr oft in deine Pussy ficken. Da ich das sehr ausdauernd kann, werde ich versuchen, dass du nach und nach die volle Sinnlichkeit beim Ficken erlebst und dabei zum heißgeliebten Orgasmus kommst. Da wir eine Schwangerschaft verhindern wollen, werde ich danach immer meinen Samen in deinen Po spritzen. Also, wir wollen die Exerzitien zum notwendigen Ende führen. Die Exerzitien bei mir enden ausnahmslos immer damit, dass du am Schluss gefickt wirst. Geh jetzt zum Tisch, klettere hinauf und knie dich auf allen Vieren, dass ich dich von hinten ficken kann.»

*

«Komm Laura. Setzt dich noch mal zu mir. Das war wundervoll für mich. Es hat mir sehr viel Freude gemacht. Ich möchte dir ein Lob aussprechen. Du erhältst Punkte für deine Performance. Als ich dich in deine Pussy gefickt habe, bist du richtig nass geworden. Du bist sehr sinnlich. Deine Sinnlichkeit werde ich fördern, deshalb habe ich dir erlaubt, dich zu streicheln, als ich dich in dein süßes enges Löchlein gefickt habe und du bist gekommen. War das schön?»
«Ja, MyLord.»

«Du wirst sehen, wenn du brav bist, werde ich es dir öfter erlauben dich selbst zu streicheln und zu kommen. Geh jetzt zu Madame und melde dich zurück. Was höre ich von dir?»

«Danke, Sir.»

«Mehr!»

«Danke, Sir, dass Sie mich gefickt haben.»

«So will ich es immer hören!»

Party Time

«Heute erhaltet ihr im Französischunterricht einige wichtige Begriffe, die nicht immer in Büchern stehen. Also schreibt, ich werde es euch jeweils buchstabieren, schreibt immer links auf der Seite das französische Wort und in der gleichen Zeile auf der rechten das englische. Fangen wir an: Also: une jeune fille - ein junges Mädchen, un homme avec une jeune fille - ein Mann mit einem jungen Mädchen. Des maitres attendent leurs filles - die Meister erwarten ihre Mädchen. Baiser - Ficken, entspricht mehr dem Wort Vögeln, ‹foutre› - entspricht dem derben englischen Fucking. Schreibt auf: ‹Baise-moi, mon maitre› - ficken Sie mich, Meister oder ‹foutre moi, mon maitre› - fuck me, Master, oder ‹Je veux être baisée› - ich möchte gefickt werden. Das sagst ihr zu einem Hohen Herrn, einem Master, wenn er von euch hören will, dass ihr gefickt werden wollt.

‹La jeune fille se fait baiser› - das junge Mädchen wird gefickt. Jetzt schreibt noch einen Satz, der zu euch gesagt werden wird und merk euch den: ‹Vous devez laisser obéissante va te faire foutre› - Du musst dich gehorsam ficken lassen, und unterstreicht diesen Satz, damit ihr ihn nie vergesst. Wenn ich euch danach frage, ob ihr vom Lord gefickt worden seit, dann antwortest ihr: ‹Il me l'a donné› - er hat es mir gegeben. Oder ihr sagst ‹Il m'a baisée› er hat mich gefickt. Ein weiterer ganzer Satz: ‹Le maitre a baisé moi› - der Meister hat mich gefickt, oder ‹J'ai été baisée du Seigneur› - Ich bin vom Hohen Herrn gefickt worden. Schreibt ihr mit? Ich will euch dazu erziehen, dass ihr den sinnlichen Wert des Wortes Ficken erkennen könnt und wenn ihr es hörst, eure Lust verspürt.

Obszöne Worte hört und sagt ihr während des Fickens - und nur dann. Sie steigern die Lust. Schreibt noch auf: ‹Le vit›, the Prick, der Penis, damit ist das steife Glied gemeint. ‹Le vit rigide›, der harte steife Penis. ‹Ma con›, meine Möse, mein Kätzchen, Pussy, oder sehr obszön, meine Fotze. ‹Le maitre a le vit longue›, the Master got a long prick. ‹Mon Maitre, votre vit rigide est enivrante›, Meister, euer steifer Penis ist berauschend. ‹Le maitre baise ma con›, der Meister fickt meine Pussy. ‹La jeune fille reçoit le vit dans sa con›, das Mädchen empfängt das Glied in ihrer Pussy. ‹La jeune fille se fait baiser avec le vit›, ,the girl got fucked with the prick. Noch ein paar Sätze:‹Prendre la bite sur un banc de baise, empfange das Glied auf der Fick-Bank. ‹Baise moi sur le banc de baise, Fuck me on the Fuck Bench. ‹Le Maitre baise le fille sur le Banc de la Fessée, der Meister fickt das junge Mädchen auf dem Zuchtbock. ‹Recevoir une bonne fessée, Receive a good spanking. ‹La fille sera fouettée, the girl will be whipped. ‹Le fouet est bon pour les filles, die Peitsche ist gut für junge Mädchen. Zwei letzte Sätze: ‹La jeune fille est baisée anale. Das junge Mädchen wird anal gefickt. ‹Vous allez faire baiser dans le cul, du wirst in den Arsch gefickt. Und den allerletzten Satz, den sprecht ihr mir jetzt nach: J'aime être baisée dans le cul, ich liebe es, in den

Arsch gefickt zu werden.»

«Esther, ich höre!»

«J'aime être baisée dans le cul.»

«Laura, ich höre!»

«J'aime être baisée dans le cul.»

«Pauline, ich höre!»

«J'aime être baisée dans le cul.»

«Sehr schön. Na, geht doch. Wir haben heute Abend Gäste. Auch ein Franzose. Monsieur de Costine. Ein Comte. Das erfreut mich ganz besonders. Dann kommt Bischof Edwin. Pauline und Esther, ihr kennt ihn. Und Sir Reginald. In einer Stunde seid ihr fertig gekleidet für den Play Ground im Gesellschaftraum. Wir werden dort erst mit den Gästen zusammen das Dinner nehmen. Anschließend geht ihr rüber, setzt euch auf den Play Table und streichelt euch gegenseitig, bis die Männer auch kommen. Sie werden erst Zigarren rauchen, trinken und zusehen. Das gefällt den Männern. Danach werdet ihr alle geschult, und zwar reihum. Das wird ein längerer Abend. Wenn einer mit euch fertig ist, wechselt ihr. Was werdet ihr zu unserem französischen Gast sagen? Pauline?»

«J'aime être baisée dans le cul.»

«Gut. Geht in euer Zimmer, die Unterrichtstunde ist beendet. Laura! Du kommst mit in mein Office.»

«Laura. Hier ist ein Brief von Deinem Vater. Er hat uns auch einen geschrieben. Er weist uns an, dass, wenn du sehr brav bist, du mit zur Trauung deines Vaters darfst.»

«Danke, Madame. Ich werde brav sein.»

«Gut. Wenn nicht, sollen wir dich drei Tage ins Loch sperren, bei Wasser und Brot. Hast du verstanden?»

«Ja, Madame.»

«Well, lass dich küssen, Laura. Ich mag dich. Du bist ein liebes Mädchen geworden, auch wenn du am ersten Tag etwas widerspenstig warst. Aber seitdem du vom Lord entjungfert worden bist und Exerzitien erhältst, bist sehr brav. Zeig mir dein Diary.»

«Bitte schön, Madame!»

«Du bist die letzten vier Tage fast täglich gefickt worden, nicht wahr? Lass sehen. Freitags bist du gebracht und entjungfert worden. Samstagmittag die ersten Exerzitien und abends bist du vom Lord gefickt worden. Sonntags war der Lord nicht da. Vormittags war Gottesdienst in unserer Hauskapelle. Nachmittags seit ihr mit der Mistress wandern gegangen. Stimmt's?»

«Ja. Madame.»

«Montagmittag Exerzitien beim Lord, Abends mit Esther zusammen bei ihm. Ihr seit beide gefickt worden. Dienstags war er tagsüber unterwegs, aber du bist abends wieder gefickt worden.»

«Ja. Madame.»

«Hat er dich heute Mittag genommen?»

«Ja, Madame.»

«Was hat er mit dir gemacht?»

«Erst hat er mich übers Knie gelegt, Madame.»

«Du hast ein Spanking erhalten?»

«Ja, Madame. Mit der Hand.»

«Was dann?»

«Ich musste sein Glied lutschen.»

«Das heißt, sein Glied blasen.»

«Dann hat er mich kurz in meine Muschi und anschließend in den Po gefickt.»

«Ich sehe, du hast gelernt dich richtig auszudrücken. Hat er dir schon erlaubt, deinen Kitzler zu streicheln, während er dich fickt?»

«Ja. Madame.»

«Bist du gekommen?»

«Ja. Heute Ja.»

«Na, wunderbar, Laura. Siehst du. Er ist manchmal sehr großzügig. War es das erste Mal, dass du einen Orgasmus hattest, während er in dir steckte?»

«Ja. Madame, das erste Mal.»

«Das war doch sicherlich schön? Na ja. Du wirst es noch lieben lernen. Heute Abend wirst du bestimmt geschult. Wenn nicht von den Gästen, dann vom Lord. Das ist deine Schulung. Sei dankbar.»

«Ja. Madame. Ich bin dankbar.»

*

«Uhh. Zweimal oder dreimal gefickt zu werden, das wird anstrengend.»

«Meint ihr, das passiert wirklich?»

«Laura. Du hast es noch nicht erlebt. Warte ab.»

«Kommt wirklich ein Bischof?»

«Ja. Bischof Edwin. Ein ganz Lieber. Morgen früh hält er eine Unterrichtsstunde in Geschichte.

Er erzählt immer sehr amouröse Geschichten aus der griechischen Sagenwelt. Und alle zwei Wochen kommt er sonntags zum Gottesdienst in unsere kleine Kapelle.»

«Aber heute Abend ist er auch dabei?»

«Ja. Er ist nett. Er spanked nicht viel und ist die Ruhe selbst. Ein richtiger Genießer. Außerdem ist sein Glied nicht so dick, wie das vom Lord.»

«Esther!»

«Ja. Ist doch so. Ich mag ihn. Er ist zwar älter als der Lord, aber sieht ganz gut aus. Fast graue Haare und er hat einen kurzen gepflegten Bart. Wenn er im Drawing Room dabei ist, ist es meistens sehr lustig. Er macht immer Witze, bevor er zu spielen anfängt.»

«Zu spielen?»

«Ja, Laura! Spanking und Ficken. Deswegen heißt es ja auch Grand Playroom. Und Ficken tut der Bischof gerne.»

«Was! Wirklich?»

«So ist das bei der Party, Laura. Der Reginald ist ein ganz Wilder und immer so ernst. Vor ihm muss man immer knien und sein Glied blasen.»

«Esther, dann seid ihr von diesen beiden Männern auch schon genommen worden?»

«Nicht nur einmal. Sie sind ganz enge Freunde und der Lord holt sie oft zu den Schulungsparties. Den Bischof würde ich aber nie heiraten wollen. Der ist zu alt. Den Reginald mit der Glatze mag ich nicht.»

«Aber Pauline, der Bischof streichelt doch immer die Pussy zwischendurch. Ich mag das.»

«Na ja, Esther, das stimmt. Der Franzose war

noch nie hier. Wie alt der wohl ist? Der will uns bestimmt alle. Und der Lord will sicher auch.»

«Ihr macht mir vielleicht Mut.»

«Ach, Laura. Warte ab.»

*

«Ich hatte den Reginald und den Franzosen. Wen hattest du, Esther?»

«Den Franzosen und den Bischof, Laura. Du bist dreimal gefickt worden, nicht wahr?»

«Ja.»

«Klar, weil du die Neue bist. Nimms leicht. Die wollen sie alle ficken. Waren es alle drei?»

«Der Bischof, der Lord und zum Schluss der Franzose.»

«Der Franzose war doch nett. Oder, Laura? Er sah sehr gut aus.»

«Er war aber auch anstrengend. Er brauchte am Schluss so lange. Mein Po brannte richtig. Wenn Madame Celine nicht öfter Öl zwischendurch rein gestopft hätte, wäre es schlimm geworden.»

«Ich hatte den Franzosen als Erstes. Der hat mich zwar lange übers Knie gelegt, war aber ganz schnell fertig, Kaum, dass er drin war.»

«Aber am Schluss war es doch lustig. Meistens können sie auch gar nicht dreimal hintereinander. Als sie so viel getrunken und alte Lieder aus der Armeezeit gesungen haben und dann irgendwann unter dem Tisch auf dem Teppich lagen, da wurde es richtig lustig. Sie wollten uns nur noch spanken, an der Muschi rumgrapschen und küssen – und wir mussten ihre Gläser füllen. Das mach ich besonders gerne.»

«Der Bischof wollte ein paar mal, dass ich mich auf sein Glied setze und ihn reite. Aber er hatte sein Pulver verschossen. Selbst Blasen half nicht. Dafür hat er eine lustige Geschichte erzählt.»

«Du meinst die aus dem Griechischen mit dem Priapos? Das der so einen riesiges langes Glied gehabt haben soll? Unglaublich.»

«Also mir hat der Lord ganz am Anfang, als wir noch auf dem Spieltisch waren, in den Mund gespritzt. Ich dachte, ich solle nur blasen, aber er kam so schnell.»

«Ach, Laura. Blasen müssen wir immer zwischendurch. Das wollen alle Männer.»

«Ja, das hat der Lord mir auch gesagt.»

«Natürlich. Da wir nur an besonders lüsterne Ehemänner vermittelt werden, wirst du ganz sicher jeden Abend deinen Mann blasen müssen, bevor er dich fickt. Ich weiß es von Melanie, einer älteren Freundin, die auch mal hier in der Boarding School war. Ihren Mann muss sie täglich blasen. Er lässt sie sogar ab und zu in sein Büro in der City kommen, wo sie ihm unter dem Schreibtisch sein Glied bläst und dann seinen Samen schluckt.»

«Huch, das gibst?»

«Ach Laura. Die Männer machen alle gerne Schweinereien. Besonders die Ehemänner wollen Außergewöhnliches, weil die Ehefrauen gehorchen müssen. Sie hat mir erzählt, dass mehr als die Hälfte der jungen Ehefrauen ihren Männern auf den Weg zum Ascot Rennen in der Kutsche den Schwanz blasen und den Samen schlucken müssen – und die Männer das stolz in ihren Clubs andeuten.»

«Gott. Wie schrecklich.»

«Was glaubst du, warum die jungen Frauen nach der Ankunft am Renn-Court so schnell in die Rest-Rooms laufen, um ihr Makeup wieder herzurichten. Mein Vater hat mich oft nach Ascot mitgenommen und ich habe mich immer gewundert, dass sich so viel Frauen in den Rest-Rooms ihr Makeup machen. Einige hatten auch richtige verweinte Augen. Wahrscheinlich sind sie in der Kutsche beim Blasen schon kräftig gespanked worden. Das mögen viele Ehemänner. Gerade die, die trotz grauen Zylinder eine Reitgerte in der Hand halten. Damit wollen sie anderen zeigen, die das deuten können, dass sie ihre Frauen mit der Gerte züchtigen. Das sei so ein geheimes Zeichen, hat mir meine Freundin erzählt.»

«Das stimmt, Esther. So einen Mann habe ich auch gesehen, den mein Vater zur Jagd eingeladen hatte. Ich hab mich gewundert über seine Reitgerte, die er selbst nachher in unseren Haus beim Empfang und dem Dinner immer in der Hand hielt. Er war älter, sah aber verdammt gut aus und hatte eine junge Frau dabei.»

«Dann war es bestimmt auch so einer, Laura.»

«Also, ich habe in dem Gestüt meines Vaters mal die Frau eines Freundes von ihm gesehen, die in der Stallung mit ihren hoch gestreckten Armen an einem Balken gebunden war und wie deren Mann ihren nackten Po mit einer Singletail auspeitschte.»

«Uiih, Pauline. Da hast du aber was besonderes erlebt.»

«Ja. Nur ganz kurz. Ich wollte nicht entdeckt werden. Später saßen die beiden als Gäste bei uns am Tisch und der Frau war nichts anzumerken.»

«Sagt mal ihr beiden. Ist die Party immer Mittwochs?»

«Nein, Laura. Oft sogar Freitags. Dann können die meisten Männer ausschlafen.»

«Laufen die Parties immer so ab, wie heute Abend?»

«Wir waren ja nur zu dritt. Na ja, Madame war auch dabei und hat den Lord und den Franzosen mit dem Mund bedient. Mit Mary und bis vor drei Wochen mit Sally, waren wir über einen Monat zu fünft.»

«Ist Sally geheiratet worden?»

«Ja, mit einem Amerikaner. Er hat sie mit den Schiff mit nach Amerika genommen. Er sah umwerfend aus. Ein Traummann.»

«Esther! Es war aufregend, wie der Bischof auf mir lag und du neben mir vor dem Franzosen knien musstest und mich andauernd dabei geküsst hast.»

«Ach, Laura. Das habe ich sehr gerne gemacht. Ich küsse liebend gerne. Außerdem dürfen wir das. Das erfreut sie zu sehen, wenn sie in unseren Hintern stecken und wir uns dabei küssen. Wir dürfen uns sogar lecken.»

«Ich glaube, Madame hat den Franzosen, als wir gingen, mit in ihr Gemach mitgenommen. Ich habs gesehen.»

«Meinst du wirklich, Pauline? Meinst du, sie

wird mit ihm ...!»

«Ganz sicher. Madame hatte diesmal eine aufregende Corsage an. Habt ihr das gesehen? Ganz elegant, in schwarz. Wahrscheinlich aus Frankreich. Sie hat immer so aufregende Corsagen.»

«Ist Madame immer dabei?»

«Bei den Parties immer.»

«Wird sie auch ...?»

«Du meinst gefickt? Ja. Manchmal lässt sie sich ficken. Spätestens morgen früh beim Aufwachen wird sie sich ficken lassen. Werden wir morgen früh sehen, wie freundlich sie beim Frühstück ist.»

Zwei Tage später

«Danke Pauline. Du hast das letzte Kapitel von *Lauras Erziehung* wunderbar vorgelesen. Wir werden nun kurz rekapitulieren, was wir diese Woche gelesen haben. Ich möchte von euch jetzt einzeln euren Eindruck über dieses Buch hören. Esther, fang du an. Was ist deine Meinung?»

«Ja, Madame. Ich fand das Buch sehr gut. Es ist sehr erotisch. Es ist so leicht verständlich geschrieben und gefiel mir wesentlich besser, als die griechischen Mythen, die wir seit Wochen in der Unterrichtsstunde beim Bischof lesen müssen.»

«Ja, gut. Laura! Was meinst du?»

«Madame. Ich bin erstaunt, dass es ein solches Buch gibt. In der ersten Stunde hier war ich erschrocken. Dieser Marquis beschreibt Lauras Liebesabenteuer wirklich sehr offen und in allen Details. Die letzten drei Kapitel haben mir Spaß gemacht, weil es auch die Liebesabenteuer beschrieb, die Laura zusammen mit ihrer Freundin und ihrem Stiefvater zu dritt hatten. Ist es nicht ein unanständiges Buch?»

«Nun ja. Viele werden es als Unanständig bezeichnen, weil es offen beschreibt, wie Laura von ihren Stiefvater gefickt wird, sogar wie sie gemeinsam mit der Freundin des Vaters oder auch mit ihrer Freundin gefickt wird. Das Buch ist in Frankreich und auch bei uns im Königreich verboten. Das heißt, es darf nicht verkauft werden. Die katholische Kirche hat es sogar auf ihrem *Index Librorum Prohibitorum*, der Liste der verbotenen Bücher gesetzt. Unsere anglikanische Kirche kennt eine solche Liste nicht, aber unterstützt das Verkaufsverbot durch die Krone ausdrücklich. Dennoch wird dieses Buch zu besonderen Studienzwecken von unserer Kirche genutzt, wenn es in verantwortungsvollen Händen liegt. Bischof Elsworth hatte dem Lord ein erstes Exemplar gegebenen und es zum Studium empfohlen, weil es die Lust zum Liebesakt in einer erfrischenden Offenheit darstellt.

Der Bischof und der Lord waren sich dann einig, dass es aus erzieherischen Gründen wichtig ist, damit junge Damen wie ihr, die zur Ehe vorbereitet werdet, es studieren sollten. Darauf hin war es dem Lord unter schwierigen Bedingungen gelungen, diese fünf Bücher, die wir haben, aus Frankreich zu besorgen. So, jetzt deine Meinung, Pauline!»

«Madame, ich fand das Buch sehr erregend. Ich habe Abends sehr oft an die Geschichte denken müssen. Ich denke, Laura hat sich sehr gerne ihrem Stiefvater hingegeben und die Lust kennengelernt. Wenn ich einmal verheiratet bin, würde ich meinen Ehemann bitten das Buch zu besorgen. Ich glaube, auch Männer würden es gerne lesen. Mir hat das Buch sehr gefallen.»

«Ich muss schmunzeln, Pauline. Es zeigt mir, dass ich bei dir etwas mit dem Studium erreicht habe. Ihr solltet den erregenden Charakter dieses Buches kennenlernen. Ja? Laura?»

«Madame, ich habe eben gesagt, dass es ein unanständiges Buch sei. Ich möchte aber sagen, dass ich auch, gerade die letzten Kapitel, sehr erotisch fand und es mich wie Pauline sehr erregt hat.»

«Lasst es mich abschließend sagen. Dieses Buch halte ich für eure Erziehung für sehr wichtig. Es bringt euch die Freude und die Lust näher, die ihr empfindet, wenn ihr einem Mann dienen müsst. Wir werden uns nächsten Montag noch einmal einzelne Passagen dieses Buch sehr genau vornehmen und sie studieren. Insbesondere das Kapitel, in dem Laura ihren Stiefvater bittet, sie anal zu nehmen. Es ist wichtig für euch als spätere Ehefrau zu wissen, dass ihr eurem Ehemann mit der Bitte um den *Prosterior Use*, der *Hinteren Benutzung* eine große Freude bereiten könnt. Der Bischof und ich sind uns vollkommen einig, dass die detaillierte Aufarbeitung dieses Buches ein fester Bestandteil unseres Erziehungsprogrammes sein muss, das sich auf die Grundlagen des griechischen sokratischen Eros begründet, der die körperliche Züchtigung zur Vorbereitung der Frau einschließt. Die großen griechischen Philosophen wussten schon um die lustfördernde Wirkung einer Züchtigung. Die Sokrates Philosophie des Eros sagte schon damals, schmerzhafte Züchtigung steigert das Verlangen und lässt eine junge unerfahrene Frau den anschließenden Liebesakt herbeisehnen. Well! Für heute ist der Unterricht beendet. Lord Westenbury ist mit der Kutsche nach Cambridge abgereist und wird erst Montag wieder zurück sein. Morgenvormittag erhaltet ihr eine Unterrichtsstunde über die männliche Anatomie und das Glied. Sonntag werdet ihr mit Miss Halton zum *White Horse Inn* wandern und dort den Lunch nehmen.»

«Das ist toll, Madame.»

«Ja Esther. Ich weiß, dass ihr es mögt. Ich werde nicht mitkommen, da ich mit Mary einiges für die Hochzeit zu besprechen habe.»

Montagnachmittag

«Nun, meine Damen. Jetzt werden wir eine lustvolle Unterrichtsstunde haben. Ich habe euch einige Lithografien und alte amouröse französische Stiche mitgebracht, die wir uns gemeinsam ansehen werden. Ich gebe sie euch und ihr könnt sie nacheinander betrachten. Esther hier hast du das erste. Sieh es dir in Ruhe an, mach dir Notizen dazu und reich es weiter an Pauline. Und du Pauline gibst es Laura.»

«Bitte, meine Damen. Verhaltet euch ruhig. Ich kann verstehen, dass euch die Bilder sehr anregen. Sie alle zeigen Paare oder Gruppen von teilweise bekleideten oder nackten Männer der meist adligen französischen Gesellschaft, wie sie mit nackten Frauen die Liebe genießen. Esther, welches findest du am schönsten?»

«Madame. Das eine, das drei Frauen mit einem Mann zeigt, der eine Frau fickt und die andere leckt, während die Dritte seine Brust küsst. Ich finde das sehr erotisch.»

«Ja. Das ist erotisch. Es war in der Zeit König Louis XV. sehr populär, solche Zeichnungen zu haben. Sie zirkulierten bei gesellschaftlichen Empfängen und wurden von den Männern gerne jungen Debütantinnen gezeigt, um zu sehen, ob sie erröten. Pauline? Welches gefiel dir?»

«Madame. Das Bild, auf der eine schöne Frau mit hoch gereffften Rock auf dem Betstuhl kniet und ein Priester oder gar ein Bischof mit steifen

Glied hinter ihr kniet und es in der Hand hält. Es sieht so aus, als wolle er will sie gleich ficken.»

«Da kannst du recht haben. Das sieht nicht nur so aus, es wird ganz sicher geschehen. Laura? Und du?»

«Madame, es war ein Bild dabei, auf dem eine schöne junge Frau mit entblößten Brüsten neben einem hoch herrschaftlichen attraktiven und elegant gekleideten Mann sitzt und sein steifes Glied, das aus der Hose ragt, in der Hand hält. Es sieht nach einem Liebespaar aus.»

«Ja, Laura. Das ist ein sehr romantisches Bild. Eine liebende Frau sollte immer, wenn man bei einem *Tête-à-Tête* allein und ungestört zusammen ist, das Glied des Mannes streicheln. Besonders, wenn sie ihrem Mann etwas zu beichten hat. Das stimmt ihn gnädig und er wird darauf verzichten, sie zu spanken. Das solltet ihr verinnerlichen. Ein Mann kann fast immer gnädig gestimmt werden, wenn ihr seinem Glied mit der Hand oder dem Mund zärtliche Aufmerksamkeit gebt. Well. Die Stunde ist beendet. Bereitet euch zum Dinner vor. Heute wird keine Party stattfinden. Pauline, du wirst nach dem Dinner beim Lord bleiben und dich schulen lassen. Laura, du kommst nach dem Dinner zu mir in mein Office.»

*

«Madame Celine?»

«Ja. Komm herein, Laura. Das Dinner war gut heute Abend, nicht wahr?»

«Ja, Madame. Es war vorzüglich. Ich mag Lamm.»

«Ausgezeichnet. Unsere Mamsell ist eine begnadete Köchin. Laura, komm mit mir in mein Boudoire.»

«Kannst du dir denken, warum ich mich hier auf einen Stuhl mitten im Zimmer setze?»

«Madame, ich ...!»

«Komm näher zu mir. Zieh deine Bluse und deinen Rock aus. Ich möchte dich ganz nackt vor mir haben. Laura! Du willst doch gehorsam sein?»

«Ja. Madame.»

«Komm ganz nah. Du bist wunderschön. Deine blank rasierte Pussy ist ein Augenschmaus.»

«Danke, Madame.»

«Du magst es, wenn ich deine Spalte berühre, nicht wahr?»

«Ohhh, Madame. Ja. Ich mag es.»

«Süß. Du hast einen roten Kopf bekommen. Reich mir deine Hand. Leg dich über meine Knie. So ist es gut.»

«Madame. Habe ich etwas falsch gemacht?»

«Nein, Laura. Du bist ein liebes Mädchen geworden. Hast dich brav ausgezogen und über meine Knie gelegt. Ich liebe es, wenn du so über meinen Knien liegst und ich deinen zarten Popo vor mir habe. Ich streiche mit meiner Hand gerne über deine anmutigen Pobacken. Auch über deine zarten Schenkel und zwischen deinen Schenkeln.»

«Auaah!»

«Laura! Ein leichter Schlag. Ich mag es, dich zu spanken und du wirst gehorsam sein. Du bekommst eine besondere Schulung. Ich werde dich lehren, was Lustschmerz ist.»

«Auuah!»

«Dein Popo ist wunderschön. Die Striemen, die du von der Mistress vorgestern bekommen hast, sind nicht mehr zu sehen.»

«Auuuaaah!»

«Nur ein paar Schläge zum Lockern. Öffne deine Beine. Ich möchte deine schönen Schamlippen sehen können.»

«Auuahh.»

«Deine Pussy ist ganz süß. Ist es schön, wenn ich deine Lippen streichle?»

«Ohh, Madame. Ja, Madame.»

«Du magst es. Du wirst schon feucht. Ich streichel gerne eine Pussy, die feucht wird.»

«Auuah!»

«Du hast eine bildhübsche Pussy, Laura. Ich liebe es, deinen nackten Popo zu spanken und zwischendurch deine Pussy zu streicheln. Es ist so schön deine Feuchte zu fühlen. Du stöhnst schon. Stöhn laut. Du darfst stöhnen. Ist das schön, so gestreichelt zu werden?»

«Ohhhh, Madame. Ja, es ist schön.»

«Nicht übermütig werden.»

«Auuuuaaaaaah! Auuuuaaaaaah!»

«Die Schläge mussten sein. Dies ist eine Schulung, das wollen wir nicht vergessen.»

«Auuuaaaaah!»

«Ja, Laura. Dieses Spanking schmerzt ein bisschen. So, wie ich es fühle, freut sich dein kleiner Kitzler. Kann das sein, Laura? Antworte!»

«Ohhhh. Madame. Jaaa.»

«Du magst es, wenn mein Finger daran spielt?»

«Auuuaaah!»

«Sag mir, wer sich freut. Ich will es hören!»

«Madame. Ohh. Mein ..., Madame, mein Kitzler ..., er freut sich.»

«Ich werde ihn jetzt mal heftig streicheln. Das magst du?»

«Ohhh, Madame, Ja, Madame. Ich mag es.»

«Du wirst richtig nass. Deine Pussy tropft richtig vor Lust. Laura, es ist schön, dass du so lüstern bist.»

«Auuuuuuaaaaaaah!»

«Der Schlag musste jetzt sein. Hat er weh getan?»

«Madame, Madame! Ja. Es hat weh getan.»

«Du sollst es spüren. Es wird weh tun.»

«Auuuahh. Auuuuah! Auuuuuuahh!»

«Oh, jetzt schluchzt du?»

«Madame. Ich ...! Es tut weh!»

«Ist es jetzt schöner, wenn ich dich wieder streichle. Ich werde dich jetzt kräftig streicheln. Das beruhigt. Ja, du zitterst richtig.»

«Auuuuaaaaaaaah!»

«Tat das weh? Ich versteh dich nicht, wenn du so weinst. Du möchtest doch so gerne gestreichelt werden. Deine Schamlippen sind ganz gerötet. Das ist ein schöner Anblick. Ich mag das zu sehen. Ich mag gerötete Schamlippen und einen lüsternen Kitzler streicheln. Genieße es, Laura. Du darfst lüstern sein. Genieße die Lüsternheit.»

«Auuuuahhhhh! Auuuuahhh!»

«Du weinst. Weinst du vor Lust? Ich werde dich dazu bringen. Ich mag deine Tränen.»

«Auuuuah! Auuuuuuaaah! Auuuuuaaaah!»

«Madame, Madame. Bitte! Bitte! Es tut so weh!»

«Ja, Spanking tut weh. Die Schläge sollen schmerzhaft sein, Laura. Ich mag es, dir ein paar schmerzhafte Schläge zu geben. Mit schmerzhaften Schlägen lernst du ein lüsternes Mädchen zu werden. Ich möchte eine lüsterne Pussy vor mir haben. Sie ist klatschnass, Laura. Es ist herrlich zu fühlen, wie nass du bist.»

«Ohhhh!»

«Du bist brav, meine Laura. Ich merke, du wirst gleich kommen, wenn ich dich so weiter streichle. Ich werde dich jetzt streicheln. Ja! Du wirst gleich kommen. Ich spüre es. Dein ganzer Körper zittert. Ja, Laura, komm. Ja! Jetzt kommst du. Jetzt noch ein fester schmerzhafter Schlag.»

«Auuuuahhhhhh!»

«Komm, meine Kleine. Dein kleiner süßer Kitzler ist ganz steif. Ja. Dein Körper bebt. Du kommst. Ja! Meine kleine lüsterne Laura. Du darfst kommen, Ja! So ist es schön.»

«Ohhhhhhhhh!»

«Ja. Komm, mein kleines Mädchen.»

«Ohhhhhhhhh!»

«Spürst du meinen Finger, der tief in deinen Po steckt. Ja! Komm, Laura. Ein wundervoller Orgasmus.»

«Ohhhhhhhh!»

«Mein Finger fickt dich in den Po. So muss eine Ehefrau kommen, wenn das Glied ihres Mannes in ihrem Po steckt. Ja! So ist es schön. Ich streichel dich weiter und meine andere Hand fickt dein enges Löchlein. Ja, lass dich ficken! Genieße deinen Orgasmus.»

«Ohhhhhhh!»

«Herrlich. Meine kleine, liebe, lüsterne Laura. Du kommst ununterbrochen.»

«Du darfst aufstehen, meine Liebe. Leg dich auf mein Bett. Leg dich auf den Bauch. Ich creme deinen Po ein. Du hast wunderschöne gerötete Wangen, genauso rosa wie dein Po. War das ein schöner Orgasmus?»

«Ja. Madame.»

«Dein Po tut auch nicht mehr so weh?»

«Die Salbe tut gut, Madame.»

«Sie kühlt schön. Nicht wahr?»

«Das Spanking hat sehr weh getan, Madame.»

«Aber du bist gekommen. Ich sehe, du lächelst!»

«Madame, ich danke Ihnen, dass Sie mich gespankt haben und ich kommen durfte.»

«Das ist sehr brav, dass du das sagst. Du bist schon gut erzogen. Wenn du später verheiratet bist, bedanke dich immer brav bei deinem Ehemann, wenn du von ihm ein Spanking bekommen hast. Das wird ihn erfreuen, denn er liebt dich. Denke immer daran, nichts ist schlimmer, als wenn du einen Mann hast, dem du gleichgültig bist. Mit einem Spanking zeigt ein richtiger Ehemann dir, dass er dich liebt. Du weißt dann, dass du gleich seine Liebe spüren wirst und sehnst dich danach, dass er mit seinem Glied in dich eindringt. Und das Spanking hilft dir, zu kommen. Erfahrene Männer wissen, wie sie ihre Ehefrau mit einem rücksichtsvollen Spanking zum Orgasmus vorbereiten können.»

«Madame?»

«Ja. Was hast du auf dem Herzen?»

«Madame. Wenn Sie mich in der Klasse spanken und ich mich bücken und meine Beine spreizen soll, das ist so ..., ich meine ..., das ist so erniedrigend, wenn die anderen das sehen.»

«Ja, es ist erniedrigend, Laura. Das soll auch ein Teil der Bestrafung sein. Du sollst dich schämen, damit du erkennst, dass du etwas Falsches getan hast. Du hast es doch gestern gesehen, wie Pauline ein Spanking erhalten hat. Ihr werdet beim Spanking immer eure Pussy zeigen. Pauline hat sich sehr geschämt, dass sie vor dir als Neuling ihre Yoni zeigen musste. Schlaf jetzt. Denk nicht mehr daran. Wenn du brav bist, passiert das auch nicht. Ich decke dich zu. Ich habe noch in meinem Office zu arbeiten. Träum süß. Träume von einem tollen Ehemann, der dir einen Orgasmus schenkt.»

Freitag, vor der Hochzeit

«Meine Damen, der Unterricht ist damit für diese Woche beendet. Ich weiß, dass Haushalts-Buchhaltung langweilig ist. Genauso, wie das Arbeiten mit Nadel und Faden. Zum Trost sage ich euch. Wenn ihr verheiratet seid, werdet ihr in einem Haus mit vielen Bediensteten leben und da werdet ihr selten selbst zu Nadel und Faden greifen müssen. Ihr werdet mehr Schwierigkeiten haben, die richtigen Kleider für die richtigen Anlässe zu finden. Aber ihr habt diese Woche auch interessante Dinge gelernt, die euch für die Ehe vorbereiten.

Lord Westenbury hat sich mit Mary, der Braut, schon auf den Weg gemacht und er wird auch erst am Sonntag spät wieder hier sein. Morgen früh fahre auch ich zu Marys Hochzeit, werde aber früh abends vor Dunkelheit wieder zurück sein. Ihr helft morgen der Mistress und dem Gärtner im Garten. Außerdem wird das Wetter genauso gut sein wie heute. Unsere Rosenbüsche und besonders die lange Rosenhecke müssen beschnitten werden. Der Gärtner wird euch zeigen, wie es gemacht wird. Die Rosen könnt ihr dann mitnehmen und in Vasen aufstellen. Macht euch fertig zum Dinner und danach habt ihr eine Freistunde, bevor geschlafen wird. Laura, du kommst nach dem Dinner zu mir in meine Privaträume.»

*

«Laura! Komm herein. Setz dich zu mir aufs Sofa. Ich will mich mit dir unterhalten. Ich habe heißen Früchtetee, möchtest du eine Tasse?»

«Ja. Danke. Madame.»

«Du bist jetzt genau zwei Wochen hier und hast die ersten Lektionen deiner Erziehung bekommen.»

«Madame, darf ich eine Frage stellen?»

«Ja. Was denn, mein Kind?»

«Madame, darf ich morgen mit zur Hochzeit meines Vaters?»

«Laura! Das möchte ich entscheiden, nachdem ich mich mit dir unterhalten habe und ermessen kann, wie weit deine Erziehung fortgeschritten ist und wie du dich bei der Hochzeit benehmen wirst. Der Lord hat mir heute, bevor er in die Kutsche stieg, gesagt, er sei sehr zufrieden mit deiner Performance. Du seist gestern Nacht in seinem Bett das erste Mal beim Ficken gekommen. Stimmt das?»

«Ja, Madame.»

«Na. Du musst nicht rot werden. Schau mich an! Freue dich! Denn das war dann eine Glücksnacht für dich. War es schön gewesen?»

«Ja. Madame. Es war schön.»

«Na, das ist doch wunderbar. Es ist doch herrlich, von einem Mann zum Orgasmus gefickt zu werden. Hat er dich gespanked?»

«Ja. Vorher. Mit der Reitgerte. Es hat sehr weh getan.»

«Du brauchst keine Tränen mehr verlieren. Komm in meine Arme, mein Kind. Weine nicht. Freu dich, Laura! Sei glücklich, dass du das erlebt hast. Ab jetzt wird es für dich viel einfacher. Ja. Drück dich an mich. Wein nicht mehr. Das ist doch schön, dass einen Orgasmus hattest! Komm, ich trockne dir deine Tränen. Sei stark. Ich merke, dich erfasst es emotional sehr. Du bist sinnlicher, als du denkst. Dich beschäftigt tief in deinem Innern, was du hier erlebst und fühlst. Du brauchst die Befriedigung deines Verlangens. Dein Körper verlangt schon danach, gefickt zu werden. Nicht wahr?»

«Madame … ich ...!»

«Du brauchst nichts zu sagen. Ich spüre es. Du bist ganz aufgewühlt. Ach, Laura, meine Liebe. Halt dich ganz fest. Ich bin bei dir. Ja, gut, wein dich an meiner Brust aus. Ach, ist das schön, wie es dich erfasst. Ich weiß, das ist alles furchtbar neu für dich. Laura, ich kann verstehen, dass es manchmal schrecklich ist, gepeitscht und danach gefickt zu werden. Wir verlangen sehr viel von dir. Und manchmal sind die Züchtigungen wirklich schmerzhaft. Aber diese strengen Züchtigungen haben dich dazu gebracht, dass du beim Ficken gekommen bist. Mit dem Stock und der Peitsche erziehen wir dich, damit du die tief verborgenen Lustgefühle, die in dir stecken, frei setzen kannst. Die schmerzhaften Hiebe fördern dein Verlangen, gefickt zu werden. Das wollen wir bei dir fördern. Du wirst auch weiterhin so erzogen, dass du, bevor du gefickt wirst, gespanked werden musst, weil nur das dich frei macht. Sieh es ein. Ja. Ich weiß, es ist schwer. Wein dich richtig aus. Weinen hilft. Dein Vater will, dass wir dich mit strenger Züchtigung erziehen. Er hat dich auf dem Zuchtbock mit den Striemen auf dem Po gesehen und er hat mir wortwörtlich gesagt, dass er es gutheißt, wie du von uns erzogen wirst. Er weiß, dass du im Innern sehr lüstern bist und du dich zu Hause viele Male selbst befriedigt hast. Er hat auch eingesehen, dass du entjungfert und regelmäßig gefickt werden musst, damit wir dein riesiges unterschwellig vorhandenes Verlangen, deine Lüsternheit mit strenger Disziplinierung in die richtige Bahn lenken können. Wir werden deine Lüsternheit fördern und nicht unterdrücken, damit du sie später einem Ehemann schenken kannst. Ich weiß, wie schwer der Wechsel ist. Zuvor war alles so unanständig, dass du nur heimlich daran denken durftest – und jetzt wirst du seit einer Woche wie eine richtige Frau gefickt, von einem Mann mit einem obszön dicken Glied, mit Worten, die du vorher noch nicht mal zu denken wagtest. Und jetzt plötzlich schenkt dir das pochende Glied in deiner Vagina ungeahnte, nie vermutete Glücksgefühle, die den ganzen Körper erbeben lassen. Das ist es, was dich innerlich so aufwühlt. Das ist auch ein gutes Zeichen. Wenn eine junge Frau zum ersten Mal zum Orgasmus gefickt wird, stellt sich ihr Körper auf dieses schöne Erlebnis ein. Bei den weiteren notwendigen Schulungen wirst du feststellen, dass es für dich immer einfacher wird, zum Orgasmus zu kommen. Du wirst es erleben, wenn der Lord seine Schulung mit dir fortsetzt und du weiter von ihm so rücksichtsvoll gefickt wirst, dann wird das für dich ein immer wiederkehrendes Glückserlebnis sein. Mit der Zeit entwickeltst du ein großes Verlangen und hast den Wunsch, öfter gefickt zu werden. Das ist die Natur in uns Frauen. Wir erfahrenen Frauen wollen gefickt werden. Du wirst vom Lord weiterhin sehr konsequent geschult werden und er wird dich dabei streng erziehen, um dich zum Glück zu führen. Sag mir, dass du dich weiterhin brav ficken lässt! Sag es mir!»

«Ja, Madame. Ich werde mich brav ficken lassen.»

«Das ist brav, Laura. Jetzt sage ich dir etwas ganz Schönes. Morgen früh wirst du mit mir in der Kutsche zum Haus deines Vaters fahren. Du darfst mit zur Trauung. »

«Oh, Danke. Danke, Madame!»

«Ja. Jetzt lächelst du wieder. Du hast so ein schönes Gesicht, wenn du lächelst. Betty hat das Hochzeitskleid für Mary besorgt. Ganz in weiß. Wir werden ihr beim Einkleiden helfen.»

«Oh ja. Gerne.»

„Du bist nicht mehr auf deinen Vater böse, weil er nochmal heiraten will?»

«Nein. Ich verstehe ihn. Er wünscht sich einen Stammhalter.»

«Schön, dass du das einsiehst. Du solltest Mary wissen lassen, dass du zu ihr stehst. Sie braucht deine Zustimmung, das wird sie stärken und deinen Vater würdest du damit glücklich machen.»

«Ja. Ich werde es ihr und meinem Vater sagen.»

«Das macht mich jetzt wirklich glücklich, Laura. Und morgen, bei der eigentlichen Hochzeitsfeier, werden wir uns ganz zurückhalten. Du bleibst immer bei mir. Einige Hochzeitsgäste werden mich kennen und wenn sie dich an meiner Seite sehen, werden sie Fragen stellen. Lass mich dann antworten. Vielleicht erregst du schon Aufsehen, als die Tochter des Lords im Heiratsalter. Aber bitte, du lässt dich nicht von Männern anreden. Du wirst auch mit niemanden flirten. Verstehst du mich?»

«Ja. Madame, das werde ich nicht tun.»

«Und sei lieb zu deinen Vater. Ihm liegt sehr viel an dir. Er will, dass du glücklich wirst. Nur deshalb hat er dich in unsere strenge Schule gegeben. Siehst du das ein?»

«Ja, Madame. Ich weiß es.»

«Werden Gäste aus eurer Verwandtschaft da sein?»

«Ich weiß es nicht.»

«Onkel, Tanten?»

«Ich glaube nicht. Meinen Onkel und meine Tante mag mein Vater nicht, weil sie bei der Trauerfeier meiner Mutter schon Vater's Anwesen und den Titel als Erbstück gefeiert haben. Er hat sich richtig mit ihnen verkracht.»

«Gut, dass du das begreifst, Laura. Daher ist es auch so wichtig, dass du deinen Vater darin unterstützt, dass er Mary heiratet und du ein Brüderchen und er einen Stammhalter bekommt. Beglückwünsche Mary nach der Trauungszeremonie und sag ihr, dass du ihr alles Gute wünscht. Machst du das?»

«Ja. Madame. Das verspreche ich Ihnen. Ich werde mich bei Mary entschuldigen, für das, was ich ihr hier gesagt habe.»

«Ja. Bitte tu das. Mary hat hier bei uns die gleiche Erziehung bekommen, die du die nächste

Zeit erhältst. Sie wird deinem Vater eine gute Frau werden und da sie so schön ist, wird sie ihm mit ihrem Körper viele glückliche Momente bescheren. Ich weiß auch, dass dein Vater gewisse belastende Praktiken liebt und Mary disziplinieren wird. Mary ist durch die Schulung bei uns sehr gut darauf vorbereitet und wird ihm seine Wünsche erfüllen. Sie wird deinen Vater sehr glücklich machen und das wird sich auf dich auswirken. Dein Vater wird den Mann, den du dir aussuchen kannst und den du dann heiraten möchtest, akzeptieren und der Heirat zustimmen.»

«Madame, ich weiß, dass mein Vater die Disziplin liebt. Ich habe mal am Türspalt gesehen, wie er meine Gouvernante Betty gezüchtigt hat.»

«Gut, dass du das weißt. Das Spanking mit dem Stock oder der Peitsche ist für viele Männer ein notwendiges Element um eine sexuelle Befriedigung zu erreichen. Ich will dir das erklären. Die Züchtigung einer erzogenen und ausgebildeten Frau erzeugt in ihr die Lust und die Bereitschaft zum Orgasmus zu kommen. Wenn sie nach der Züchtigung gefickt wird, erreicht sie schneller den Orgasmus und das spornt einen Mann an, sie noch härter zu ficken. Damit ermöglicht sie ihm eine viel größere Befriedigung als normalerweise. Du hast in den letzten Tagen erlebt, dass du jedes Mal, bevor du gefickt wurdest, gespankt worden bist. Mal mit dem Stock, der Klatsche oder der Peitsche. Das nennen wir Erziehungszüchtigung und dient nur einem Zweck, dich auf den eigentlichen Akt des Fickens vorzubereiten. Die schmerzhaften Schläge auf den Po wirken auf deine Pussy und erregen sie. Das nennt man dann Lustschmerz. Es kann sogar soweit gehen, dass eine Frau durch intensives Spanking zum Orgasmus kommt.»

«Was? Wirklich?»

«Ein wichtiges Buch, das die Erziehungszüchtigung zum Thema hat und das dort drüben in meinem Bücherschrank steht, erschien hier in England schon vor vielen Jahren. Es heißt *The Use of Flogging – A Treatise on the Use of Flogging in Venereal Affairs* also *Der Nutzen des Schlagens – Eine Abhandlung über den Einsatz von Peitschen beim Geschlechtsverkehr,* von John Henry Meibomius. Meibomius war Arzt und hatte nacheinander drei Ehefrauen. Als Ehemann und Mediziner hatte er die lustfördernde Wirkung der Züchtigung erkannt und in einem medizinischen Werk beschrieben. Er schreibt, dass bei vielen Frauen die Flagellationsmanie, weit verbreitet ist. Das ist der Wunsch, zum Lustschmerz geschlagen zu werden und dass dies von verantwortungsvollen Ehemännern gefördert werden kann. Sein Buch ist in Kreisen von Erzieherinnen und bei hochgestellten Männern in der englischen Gesellschaft, die eine Vorliebe für den Einsatz der Rute haben, sehr beliebt. Die Governess Theresa Berkley, eine erfahrene Erzieherin eines Londoner Etablissement nutzte schon vor hundert Jahren bei ihrer Erziehung die Züchtigung, um den Lustschmerz zu fördern. Sie erfand eine einzigartige Zuchtbank, das sogenannten Berkley Horse, auf dem die Frauen, die von ihren wohlhabenden Männern zu ihr gebracht wurden, festgeschnallt und ausgepeitscht wurden. Das Berkley Horse ist in Boarding Schools weit verbreitet. Wir haben im

Grand Play Room ein ähnliches Whipping Horse, das auch Du demnächst kennenlernen wirst. Laura, jetzt wein doch nicht. Das Whipping Horse ist für deine Erziehung genauso wichtig wie die Fuck Benches. Ich werde bei dir sein, wenn du auf das Pferd gebunden wirst. Es ist dick gepolstert und da du ganz nackt darauf liegen wirst, ist es angenehm für dich. Dein Po wird erhöht und frei zugänglich sein, sodass der Lord dich anschließend ficken kann. Du wirst dann durch den von der Peitsche erzeugten Lustschmerz irgendwann einen Orgasmus erreichen, wenn er dich in Deine Pussy fickt. Und das anschließende schmerzhafte Eindringen seines dicken Gliedes in dein enges Löchlein, damit er sich in deinen Po ergießen kann, wird vom Lustschmerz verdrängt. Ja. Weine nur. Das Erleben des Whipping Horse werde ich dir nicht ersparen können. Der Lord hält es für eine außerordentlich notwendige Lektion, die dich formen wird. Ich habe auch Mirabeau's erotischern Roman *Hic & Hec* oder *Die Stufenleiter der Wollust,* in dem er die Züchtigung vor und beim Liebesakt beschreibt und wie wichtig sie für junge Mädchen ist. Dieses Buch werden wir nächste Woche lesen, um zu lernen, dass der Lustschmerz die Bereitschaft zum Orgasmus erhöht. Zu diesem Lustschmerz wirst du von uns erzogen. Wie heißt es bei Mirabeau so schön: *Der Garten der Lust hat viele unbekannte Blüten und Düfte. Die Rose veredelt man durch die Zucht. Junge Frauen veredelt man durch die Züchtigung.* Laura, du wirst bei uns durch die Züchtigung veredelt. Du wirst durch die Hiebe aufblühen und dich danach verzehren, gefickt zu werden. Warum weinst du denn jetzt wieder so? Du weißt doch, dass du hier mit Züchtigung erzogen wirst. Oder?»

«Ja. Madame. Ich ..! ... es klingt so schrecklich. Es tut weh.»

«Ja. Laura. Es schmerzt. Das muss es auch, damit das Spanking wirkt. Insbesondere die Erziehung zum Lustschmerz wird weh tun und es ist unser Ziel, dich zum Erleben des Lustschmerzes zu erziehen. Och. Jetzt heulst du ja richtig. Laura. Du willst morgen mit zur Hochzeit deines Vaters. Sei jetzt brav. Dein Vater hat dich an uns übergeben, dass wir dir den Lustschmerz anerziehen. Er weiß das und er will das. Er weiß, dass es weh tun wird und er will, dass wir dir weh tun. Weil du nur so den Lustschmerz erreichst. Hier, du bekommst von mir ein Taschentuch. Schnaub hinein und wisch dir die Tränen aus den Augen. Laura, du hast zu gehorchen. Dein Vater will es so. Ich kann dir nur raten, lass dich vor jedem Liebesakt gehorsam züchtigen. Wenn du nicht gehorsam bist oder dich wehrst, müssen wir dich zusätzlich hart bestrafen. Das bedeutet, du wirst auf das Whipping Horse gebunden und erhältst ein *Six of the Best* mit der Single Tail.

Die Single Tail ist ein wunderbares Erziehungsinstrument, es ist eine einschwänzige Ponypeitsche aus Ziegenleder geflochten und sehr zart, extra gemacht für die Popos ungezogener Mädchen. Sie zieht richtig schmerzhaft durch. Ich liebe es. Die Wirkung ist so befriedigend. Glaube mir, ich peitsche gerne den süßen nackten Popo eines bösen Mädchens. Esther kann dir davon erzählen, wie es wirkt. Sie hat nur auf dem Bauch schlafen können und am Tag danach noch im Unterricht stehen müssen. Du hast es doch sicherlich bemerkt, dass, wenn du von der Mistress im Unterricht oder von mir für eine Nachlässigkeit oder Ungehorsam gezüchtigt worden bist, es nie mehr als drei Hiebe waren. Auch der Lord spanked dich nie mit mehr als drei Hieben, bevor er dich fickt. Ich weiß, er schlägt mit seiner Reitgerte sehr gezielt und hart zu und es ist sehr schmerzhaft, aber normalerweise reichen die drei Hiebe aus, dich für Fehlverhalten zu korrigieren oder dich zum Ficken vorzubereiten. Solltest du aber aufsässig werden, kann sich das ganz schnell ändern und endet immer auf den Whipping Horse – und dann gibt es sechs der Besten, oder gar zweimal sechs Hiebe. Hast du das jetzt verstanden? Putz dir die Nase und antworte mir!»

«Ja. Madame. Ich habe verstanden.»

«Versprich mir jetzt, das du dich nächste Woche brav schulen lässt!»

«Ja, Madame. Ich verspreche Ihnen, dass ich mich brav schulen lasse.»

«Fein. Laura! Was hältst du davon, wenn wir beide jetzt das schönste Kleid für Morgen aussuchen?»

«Madame. Ja. Das wäre schön.»

«Jetzt kannst du schon wieder lächeln. Komm mit mir in mein Schlafzimmer. Ich habe einen Schrank mit festlichen Kleidern – und zieh deine Schul-Uniform aus.»

«Jetzt?»

«Ja. Alles. Du bekommst von mir für Morgen

alles neu. Schau her, hier habe ich lange weiße Seidenstrümpfe, die oben mit einem Bändchen gehalten werden. Dann habe ich eine weiße Corsage aus Frankreich für dich. Sie wird hinten fest geschnürt, macht dir eine schöne Taille und hebt deine Brüste empor. Zieh sie an.»

«Ist es so recht, Madame?»

«Du siehst gut aus. Ich werde sie jetzt nicht ganz zuschnüren. Das machen wir morgen früh. Jetzt schau in den Schrank, welche Farbe gefällt dir?»

«Bekomme ich kein Höschen?»

«Nein! Solange du bei mir bist, wirst du kein Höschen tragen. Welches Kleid magst du?»

«Das Hellblaue ist sehr schön.»

«Probier es an. Ich werde mich auch ausziehen und auch eins anprobieren. Ich glaube, ich nehme das Rote. Stell dich vor den Spiegel!»

«Es ist wunderschön, Madame.»

«Hmm, ja. Ein wallender Rock, bis zu den Knöcheln und ein züchtiges Oberteil, das ein Dekolleté andeutet. Das steht dir sehr gut.»

«Madame, das Kleid, das Sie anhaben, ist auch wundervoll.»

«Ja. Findest du? Rot ist am Besten. Na, wie sehen wir beide aus? Ganz elegant. Nicht wahr? Es sind ganz teure Kleider, die der Lord besorgt hat. So können wir zur Hochzeit. Freust du dich?»

«Oh, ja. So ein wertvolles Kleid habe ich noch nie gehabt.»

«Du bist doch auch eine wertvolle Dame. So. Jetzt wollen wir alles ausziehen und die Sachen auf den Garderobenständer hängen, damit wir für morgen alles parat haben.»

«Kann ich meine Schuluniform wieder anziehen?»

«Schämst du dich, weil ich auch nackt bin? Komm mit mir zum Bett und leg dich hin. Ich leg mich zu dir.»

«Oh, Madame! Was tun Sie?»

«Deine Yoni ist wunderschön. So zart. Ich fühle deinen Kitzler.»

«Madame!»

«Sei ganz entspannt. Lass dich streicheln. Na? Du wirst schon feucht?»

«Madame!»

«Sei gehorsam, Laura. Lass dich streicheln. Ist das nicht schön? Ich fühle, wie es dir gefällt. Stöhne ruhig. Deine Pussy ist ganz nass. Komm mit deinem Kopf näher zu mir. Ich flüstere dir gerne ins Ohr. Mein liebes Kind. Du bist ganz erregt. Dein Kitzler ist so süß steif. Es ist eine Freude. Ich werde dich streicheln. Mach deine Beine ganz weit. Stöhn! Ich schenke dir etwas. Ich werde dir einen Orgasmus schenken. Mach dich ganz frei. Lass dich gehen. Du darfst kommen. Ich spüre, meine Kleine kommt gleich. Den Orgasmus bekommst du, weil du mir so brav versprochen hast, dass du dich gerne ficken lässt. Ja. Stoß die kleinen süßen Lustschreie aus. Ja, meine kleine Laura, genieße die Lust. Die Lust, wenn du gestreichelt und gefickt wirst. Ja, du kommst gleich. Du zitterst. Jetzt ficke ich dich mit meinem Finger. Laura, hier wirst du gefickt, von meinem Finger oder von einem harten Glied. Du wirst es lieben lernen gefickt zu werden. Schrei, meine Kleine! Schrei deinen Orgasmus hinaus.

Schrei, wenn du gefickt wirst. Sag mir: Ficken ist schön. Ich spüre es, du kommst gleich. Sage mir: Ficken ist schön! Sag es!»

«Ohhhhhhh, Ficken ist schön. Ohhhhhhh!»

«Oh, wie süß. Ja. Du kommst. Wie schön. Herrlich. Lass dich küssen.»

«Madame, Madame. Ohhh!»

«Das war sehr heftig, nicht wahr?»

«Ja, ja.»

«Hol erst mal Luft. Genieß es noch. Lass es ausklingen. Halt dich ganz fest. Du wirst bei mir bleiben und wunderbar schlafen und träumen.»

3. Akt

The Wedding

Saturday, 24th of August 1889

Im Garten von Lord Ashton's Haus

«Madame Celine. Seien Sie willkommen. Danke, dass Sie mir meine Tochter mitgebracht haben.»

«Lord Ashton!»

«Laura, mein Töchterlein. Komm her, lass dich umarmen. Ach, ein paar Tränen. Freue dich, Laura. Sei glücklich, hier mit mir meine Hochzeit feien zu können.»

«Ja. Vater. Ich freue mich. Verzeih mir, dass ich etwas weinen muss. Ich bin so glücklich bei dir zu sein.»

«Ja. Umarme mich fest. Madame Celine!»

«Ja. Mylord?»

«War Laura ein braves Kind, dass Sie sie mitbringen konnten?»

«Sir! Ihre Tochter ist ein herzallerliebstes Kind. Sie hat sich zu einer bezaubernden jungen Dame entwickelt.»

«Laura! Hast du das gehört? Hast du gehört, was Madame Celine gesagt hat?»

«Ja. Vater.»

«Das ist ja wundervoll zu hören. Oh, das erfreut mein Herz.»

«Sir. Ihre Tochter ist eine sehr sinnliche Frau geworden, die sehr gehorsam ist und ihre Performance erfreut nicht nur mich über alle Maßen, sondern auch Lord Westenbury.»

«Mein Gott. Laura. Du machst mich stolz. Ich bin stolz, eine solch gehorsame Tochter zu haben. Jetzt lächel.»

«Ja. Vater. Schnüff.»

«Sir! Nach nur kleinen anfänglichen Schwierigkeiten, hat sich Ihre Tochter so zufriedenstellend entwickelt und ist den notwendigen Erziehungsmaßnahmen so gehorsam gefolgt, dass ich Ihnen versichern kann, dass ich voll des Lobes für Ihre Tochter bin.»

«Laura. Hörst du, wie du von Madame Celine gelobt wirst? Mein Kind, dass ich das von ihr hören darf, macht mich ganz glücklich. Dann können wir ja gemeinsam heute feiern.»

«Sir! Sie können sich auf Ihre Tochter verlassen. Sie wird freudig und gehorsam mit Ihnen feiern und Sie wissen lassen, dass sie Ihnen alles Glück dieser Erde wünscht. Nicht wahr, Laura?»

«Ja. Vater. Ich wünsche dir alles Glück mit Mary und ich versichere dir, ich werde Mary genauso lieben wie dich. Ich bin Madame Celine sehr dankbar, dass sie mir geholfen hat, deine Entscheidung zu verstehen. Mir ist dank Madame erst bewusst geworden, wie wichtig es auch für meine weitere Entwicklung ist, dass du glücklich mit Mary wirst und wir einen Stammhalter in der Familie bekommen.»

«Das freut mich außerordentlich von dir zu hören, meine Tochter. Ich bin dir sehr dankbar dafür, dass du mir das jetzt sagst. Es macht mich glücklich, zu sehen, dass du bei Madame Celine in guten Händen bist. Es bestärkt mich zu wissen, dass die Entscheidung, dich in die erziehenden Hände von Madame zu geben, richtig war. Ich weiß, dass es für dich schwer ist, in diese für dich neue Welt geführt zu werden. Ich weiß das, aber ich musste es verlangen. Es ist ein schwerwiegender Eingriff in dein bisherige Leben. Madame Celine hat mir geschrieben, dass du zur Frau geworden bist. Ist das richtig?»

«Ja, Vater.»

«Sir! Soll ich Sie einen Moment mit Ihrer Tochter allein lassen?»

«Nein! Madame. Ich sehe das jetzt als einen wichtigen erzieherischen Moment. Meine Tochter soll erkennen, das Sie, Madame, und ich uns einig sind, die Erziehung meiner Tochter fortzusetzen. Laura, es ist gut, wenn ein Mann wie der Lord, dich zu einer begehrenswerten Frau schult. Ich weiß, wie und in welcher Art und Weise dies geschieht. Du brauchst nicht rot zu werden, Laura. Es ist gut, dass er dich zur Frau gemacht hat. Du wirst deinen zukünftigen Ehemann um so mehr lieben. Du willst doch einen lieben Ehemann, der Dich vergöttert?»

«Ja. Vater. Gerne.»

«Die Ausbildung in dieser Boarding School wird dich zu einer umworbenen Braut machen. Du musst lernen deine Gefühle zu beherrschen, um sie einem Ehemann zu schenken. Wir haben gesehen, dass du das nicht kannst und deshalb habe ich dich in dieses Internat gebracht. Madame hat mir genau erklärt, wie du geschult wirst und das unterstütze ich. Das bedeutet, dass dein unbändiges Gemüt gezähmt wird. Nicht wahr Madame?»

«Ja. Sir. Das ist richtig.»

«Musste sie gezüchtigt werden?»

«Ja, Sir. Miss Halton und ich mussten sie

am Anfang der Woche wegen Uneinsichtigkeit mehrmals die Rute spüren lassen. Es war sogar notwendig, dass sie zweimal vor der Klasse ihren bloßen Hintern präsentierte, um ein Spanking zu erhalten. Aber danach war sie sehr einsichtig. Auch bei den leichten Züchtigungen durch Lord Westenbury vor einer Schulung wurde sie von Mal zu Mal demutsvoller.»

«Laura. Wir können jetzt offen darüber reden. Die Schulungen, die du bei Madame erhältst, sind das, was der Allmächtige Männern und Frauen aufgetragen hat, zu tun, um Babys zu zeugen, deren Bestimmung als Mann und Frau. Es ist eine himmlische Bestimmung. Für den Ehemann, dass er täglich seine Gattin beglückt und für die Ehefrau, sich gehorsam beglücken zu lassen. Siehst du das ein?»

«Ja, Vater. So habe ich das noch nicht gesehen. Madame hat mir aber erklärt, was die Bestimmung einer Ehefrau ist.»

«Und noch was. Der Allmächtige hat dafür gesorgt, dass es Spaß macht und wir uns daran erfreuen. Er hat dafür gesorgt, dass, wenn Männer eine Frau heiraten, sie lüsternes Verlangen danach haben, sie zu beglücken. Und je öfter ein junges Mädchen wie du beglückt wird, desto schneller stellt sich bei ihr die gleiche Lüsternheit ein und der Wunsch täglich die glücklichsten Momente der Liebe zu erleben. Dazu ist es eben notwendig, dass du streng erzogen wirst, um dieses Glück zu würdigen.»

«Oh, Vater!»

«Laura, ich will es so und du wirst gehorchen.

Du wirst dich bei Lord Westenbury und Madame gehorsam vorbereiten lassen und ich will keinen Widerspruch hören. Diese Erziehung ist das A und O für eine Ehe mit einem anspruchsvollen Mann hoher Herkunft. Versprich mir das jetzt in die Hand.»

«Ja Vater. Ich werde mich gehorsam erziehen lassen.»

«Süß, du bekommst ganz rote Wangen. Brauchst dich nicht zu schämen. Madame hat dich so sehr gelobt. Du wirst doch mit ihr zurechtkommen?»

«Ja, Vater. Das verspreche ich. Madame Celine ist in den letzten Tagen sehr nett zu mir gewesen. Sie hat gestern Abend ein sehr langes Gespräch mit mir geführt, das mich tief beeindruckt hat.»

«Ja, Sir! Ich hatte gestern mit Laura eine sehr intensive Aussprache. Wir konnten über alle Aspekte der Erziehung sprechen und ich habe Laura als eine aufmerksame und verständige junge Dame erlebt, die bereit ist, auch die belastenden Momente der Schulung als ihre Bestimmung zu akzeptieren.»

«Na, siehst du, Laura. Wieder ein Lob von Madame. Ist doch alles gut, Sagen Sie, Madame Celine, sind sie dabei, wenn Laura diszipliniert oder geschult wird?»

«Ich verstehe, was Sie meinen, Sir! Um den guten Ruf unseres Hauses zu wahren und über jeden Zweifel erhaben zu sein, bin ich bei den Schulungen immer dabei. Wenn sie allein beim Lord eine besondere Schulung erhält, nicht immer. Aber als sie beim Lord zur Frau wurde, war ich natürlich dabei. Dann haben wir Schulungsabende in einem besonderen Drawing Room, zu denen auch Herren zugezogen werden, die sehr enge Freunde von Lord Westenbury sind.»

«Ein besonderer Gesellschaftsraum?»

«Wir haben diesen großen speziellen Raum um besondere Formen der Schulung durchzuführen. Ein oder zwei Freunde des Lords helfen dabei, dass die Mädchen Disziplin an speziellem Mobiliar in Gemeinschaft erleben zu können.»

«Oho! Was für Möbel?»

«Sir? Kann ich Ihnen das unter vier Augen sagen.»

«Nein, nein! Laura weiß es doch, oder?»

«Letzte Woche war sie bei einer Party Schulung dabei. Neben vielen Sesseln und Sofas befindet sich dort ein flacher großer Play Table, ein Saint-Andrews Cross an der Wand, eine Exposer Bench, ein Whipping Horse, auch diverse Spanking Benches, auf die sie zur Disziplinierung geschnallt werden können. Wir haben dort auch ein kleines Séparée, den blauen Salon, in dem ein Blue Horse steht, das es dem Lehrer erleichtert eine eindringende Schulung zu vollziehen.»

«Erklären Sie mir das!»

«Es ist eine besondere Fuck Bench. Das blaue Lederpolster ist nach vorne abfallend, sodass der Oberkörper und der Kopf tiefer liegen und die Lenden hoch erhoben sind. Es sind feste Riemen angebracht, mit denen die Gliedmaßen fixiert werden können, wobei die Hinteren nach unten angewinkelt weit gespreizt werden können, um ein nahes Herantreten zum Eindringen zu ermöglichen.»

«Hmm. Interessant. Ich kann es mir vorstellen. Hochinteressant! Erhalten sie dort vor der Schulung ein Good-Spanking?«

«Sir. Die Züchtigungen wirken nach, dass kann ich Ihnen versichern. Es soll ja erzieherisch wirken. Aber wir handhaben das in einem sehr begrenzten Rahmen, um keine bleibenden sichtbaren Spuren zu hinterlassen. Ganz leichte Striemen sollten immer am nächsten Morgen nicht mehr zu sehen sein. Die Schönheit der Damen liegt uns sehr am Herzen.»

«Madame Celine. Spanking ist gut. Machen Sie das, was ich all die Jahre versäumt hab zu tun.»

«Ich habe mich gestern in der Aussprache mit ihr darüber unterhalten. Sie ist eine richtige junge Dame und sehr einsichtig geworden.»

«Madame! Ich muss sagen, ich bin überrascht und zugleich überaus zufrieden. Es freut mich zu hören, wie rücksichtsvoll Sie die körperliche Disziplinierung anwenden. Ebenso erfreut es mich zu hören, wie gut ihr Institut mit seltenem, aber sicher sehr nützlichen Zuchtmobiliar ausgestattet ist.»

«Ja. In der Tat, das sind wir, und dieses Instrumentarium wird auch eingesetzt.»

«Ich verstehe und ich denke, meine Tochter braucht es auch. Ich sehe ja, wie gut sie sich entwickelt hat, seitdem diese Schulung sie schon zur Frau gemacht hat.»

«Ja. Sir. Lord Westenbury hat sich die ersten Tage auch alle Mühe gegeben und ihre Tochter spüren lassen, welche glücklich machenden Momente er in ihr erzeugen kann.»

«Laura. Viele Männer werden irgendwann um dich werben. Dann suchen wir beide den besten aus. Ja? Machen wir das? Versprochen?»

«Oh, ja. Ich danke Ihnen, Vater.»

«Also, lass dich weiterhin gehorsam schulen. Denke immer, es macht dich bei noblen Herren von Mal zu Mal begehrlicher. Ach, Laura, jetzt weine nicht. Komm in meine Arme. Halt dich fest.»

«Sir. Ihre Tochter ist sehr sensibel und erfasst von dem, was um sie herum geschieht.»

«Ja. Das glaube ich. Laura! Ist doch alles gut. Höre, wie besorgt Madame Celine um dich ist. Schritt für Schritt wirst du von ihr behutsam in eine dir bisher unbekannte Welt geführt. Nicht wahr, Madame?»

«Selbstverständlich, Sir. Ihre Tochter ist mir richtig ans Herz gewachsen.»

«Ich denke, auch meine Tochter und ich haben von nun an ein ganz neues Vertrauensverhältnis, da ich weiß, wie ihre Erziehung gehandhabt wird – was ich ausdrücklich unterstütze.»

«Danke, Sir. Ich danke Ihnen für ihr Verständnis. Wir haben nicht immer mit solch verständnisvollen Vätern zu tun. Ich weiß auch, dass es für eine junge Dame nicht leicht ist, über diese Art der Vorbereitung zur Ehe, wie wir es handhaben, zu sprechen und dass es sie dabei oft die Stimme versagen lässt.»

«Sicherlich ist es eine extraordinäre und unübliche Erziehungsmethode, aber ich bin erstaunt, wie offen wir uns jetzt hier gemeinsam mit meiner Tochter aussprechen können - auch mit den entsprechenden Worten. Wahrscheinlich haben Sie auch den größten Anteil an der Entwicklung meiner Tochter, da Sie wohl ein vertrauensvolles Verhältnis zu ihr aufbauen konnten.»

«Danke, Sir. Ja, das haben wir.»

«Sie sagten, die Mädchen erhalten auch Unterricht?»

«Sir, die Mädchen erhalten Unterricht in Haushaltsführung, Französisch, Mathematik, Kunst und Kultur. Zum Beispiel Bischof Elsworth hier von Ihrer Gemeinde, hält Unterrichtsstunden in griechischer Mystik, Geschichte und Sittlichkeit.»

«Wer?!»

«Bischof Elsworth.»

«Edwin Elsworth? Der Suffraganbischof von Southwark. Ich bin mehr als erstaunt, Madame. Er hat mir nichts gesagt. Ich weiß, er ist ein enger Freund von Lord Westenbury. Er ist auch ein Freund von mir und er wird nachher die Trauung zelebrieren.»

«Oh, Sir. Das habe ich nicht gewusst. Bischof Elsworth kennt natürlich Mary und jetzt auch Laura. Das ist ...!»

«Ja, das ist peinlich, Madame. Ich werde gleich mit ihm sprechen. Was heißt das genau? Er kennt Laura?»

«Sir. Bischof Elsworth war letzte Woche bei einem Erziehungsabend im Drawing Room anwesend und hat Laura eine besondere Schulung gegeben.»

«Verstehe ich Sie richtig, Madame? Eine Schulung im blauen Salon?»

«Ja, Sir. Aber ich war dabei. Sie wissen, um

den guten Ruf unseres Hauses zu wahren. Bei besonderen Schulungen im Drawing Room und im blauen Salon bin ich immer anwesend, um den Mädchen hilfreich zur Seite zu stehen.»

«Soso. Jetzt erkenne ich erst die ganze Bedeutung. Laura, ich sehe das Entsetzen in deinem Gesicht. Hör gut zu. Wenn du dem Bischof gegenüberstehst, wirst du mit keinem Wort erwähnen, dass du ihn kennst. Verstanden?»

«Ja. Vater.»

«Laura. Du wirst dich brav mit Madame Celine in die erste Reihe bei der Trauung setzen. Du wirst keinerlei Szenen machen, sonst lass ich dich sofort wegbringen. Meinen beiden Kutschern würde ich Anweisung geben, dich zu packen und sofort zu Madame's Kutsche zu bringen. So etwas darf nicht an die Öffentlichkeit. Ist das klar? Ich würde irgendeinen Mann, weit weg suchen, und dich verheiraten. Ob du willst oder nicht.»

«Ja. Vater, Ich verspreche, ich werde keine Szene machen. Der Bischof ist ein sehr netter Mensch. Er hat sich mit mir sehr lieb unterhalten.»

«Ja, gut. Wenn, du das so sagst. Das ist erstaunlich. Also, mach ein freundliches Gesicht. Wenn dich jemand fragt, was du so machst, dann sag, du bist in der Boarding School von Lord Westenbury. Verstanden? Mehr nicht.»

«Ja. Vater.»

«Auch hier sind heute mindestens zwei Ehepaare, mein Clubmitglied Lord Wellington mit seiner jungen Gattin und Lord Bannon, ebenfalls mit seiner sehr jungen Frau. Beide Frauen waren von Lord Westenbury vermittelt worden. Ich werde sie dir zeigen. Ich werde dich den Frauen im Laufe des Nachmittags bei der Wedding Reception vorstellen. Schau sie dir genau an. Sie sind hochgeachtete Ladys geworden, haben durch die Hochzeit eine hohe gesellschaftliche Achtung erreicht und leben gut versorgt an der Seite ihrer reichen Männer. Das kannst du auch einmal schaffen. So, ich muss mich für die Trauungszeremonie fertig machen. Sie beginnt in einer Stunde.

Madame Celine. Man erkennt, dass die Erziehung bei Ihnen schon nach den ersten zwei Wochen Früchte trägt. Ich bin Ihnen sehr zu Dank verbunden. Ich verlange von Ihnen, dass Sie die Vorbereitung meiner Tochter mit notwendiger Strenge durchführen und möchte, dass Sie Fehlentwicklungen konsequent mit spürbarer Härte und Nachhaltigkeit korrigieren. Wobei ich den Einsatz üblicher Erziehungsinstrumente für sehr sinnvoll halte.»

«Danke für ihre Worte, Lord Ashton. Sie können versichert sein, das ich Ihre Tochter auf den Weg zur Ehe begleiten werde, wie ich es begonnen habe. Das Glück Ihres Kindes liegt mir sehr am Herzen.»

«Danke, Madame.»

«Laura! Hast du gehört, was ich Madame Celine gesagt habe? Es ist mein Wille, dass du in der Obhut von Madame bist! Du brauchst eine sehr strenge Erziehung, sonst gehen dir wieder die Gefühle durch. Du sollst wissen, dass ich Disziplinierung für richtig halte und ich verlange von dir, dass du dich widerspruchsfrei von Madame führen lässt. Vergiss es nicht. Ich sage es dir ganz offen im Beisein von Madame. Allein die Schulungen machen dich zu einer begehrenswerten jungen Frau.»

«Sir. Ich danke Ihnen ganz besonders für diese offenen Worte. Sie können sicher sein, die Schulung wird mit Ihrer Tochter so oft wie möglich durchgeführt, um ihr angeborenes hohes Verlangen in die richtigen Bahnen zu lenken.»

«Das ist notwendig. Laura. Schau mich an! Hast du Mary schon gesehen?»

«Ja, Vater. Madame und ich waren eben bei ihr. Sie bereitet sich vor.»

«Hat sie nicht ein schönes Brautkleid?»

«Es ist sehr schön, Vater.»

«Brav. Irgendwann, wirst du auch so ein wunderschönes Brautkleid tragen, das verspreche ich dir.»

«Oh, danke.»

«Siehst du. Jetzt kannst du schon wieder lächeln. Wir sehen uns nach der Trauung. Madame, ich empfehle mich.»

«Lord Ashton. Haben Sie noch zwei Minuten für mich?»

Ja, gut. Begleiten Sie mich.»

*

«Mylord. Ich habe von Betty erfahren, dass Sie hohe Erwartungen in Bezug auf Ihre Ehe mit Mary haben.»

«So? Das hat Sie Ihnen gesagt?»

«Sir! Ich habe vollstes Verständnis dafür.»

«Was genau wollen Sie mir damit sagen?»

«Sir! Mary's Vorbereitung bei uns zu einer Ehe war nur ein Anfang. Mary ist eine wunderschöne, sehr sensible und anmutige junge Frau. Sie können sich glücklich schätzen, sie zur Ehefrau zu bekommen. Aber Mary bedarf weiterhin einer strengen Erziehung durch Sie, was sie erkennen lässt, worauf es in einer Ehe ankommt. Eine Ehe unterscheidet sich nun mal von einem Internat. Gewisse beschwerliche notwendige Korrekturen des Verhaltens, der sich eine junge Frau in einer Ehe unterwerfen muss, um in Harmonie zu leben, können wir in unserem Institut nicht aufzeigen. Das wollen wir auch nicht. Es obliegt dem Ehemann, zu entscheiden, wie er seine Frau entsprechend seinen Wünschen formen kann.»

«Ja. Jetzt versteh ich, was Sie meinen.»

«Ich wollte Sie nur wissen lassen, dass sie Mary mit starker Hand in ein glückliches Eheleben führen sollten. Wir empfehlen dies ausdrücklich. Mary ist sehr devot und wird sich bereitwillig formen lassen. Sie wird ihre Dankbarkeit für eine strenge Führung zeigen. Das ist alles, was ich Ihnen sagen wollte.»

«Danke, Madame Celine. Offene Worte. Danke für den Hinweis. Wir sehen uns nach der Trauung.»

*

«Hey, Edwin, Du Schuft. Gut, dass ich dich vor der Trauung noch treffe!»

«John. Was ist denn los?»

«Eben habe ich erfahren, dass du meine Braut Mary sehr gut kennst!»

«John. Ich habe das erst bemerkt, als ich deine Braut gesehen habe. Vorhin habe ich mit ihr die Trauungszeremonie durchgesprochen. Ich schwöre dir, ich hatte keine Ahnung. Der Name MacFarlane in den Papieren für die Trauung hatte mir nichts gesagt. Ich verspreche dir, ich werde es niemanden gegenüber erwähnen.»

«Das will ich auch hoffen. Von Madame Celine habe ich erfahren, dass du besondere Schulungen bei Westenbury abhältst. Ich weiß, was der Begriff Schulung bedeutet.«

»John! Ja! Du musst verstehen, dass ich dir nie etwas darüber gesagt habe. Ich beglückwünsche dich zu dieser Frau. Sie ist etwas ganz Besonderes. Du kannst dich auf mich verlassen. Ich werde die Trauungszeremonie in der Kirche durchführen, wie ich es als Weihbischof immer tue.»

«Ja. Ja. Ich habe aber noch ein Huhn mit dir zu rupfen. Du hast das junge Mädchen bei Madame Celine gesehen?»

«Ja, das habe ich.»

«Du kennst sie auch von Erziehungs-Partys bei Westenbury. Stimmt's?»

«Was weißt du über Partys bei Westenbury?»

«Ich weiß es! Partys, bei denen ihr junge

Mädchen fickt. Auch dieses!»

«Ja. John. Ich kann es dir erklären. Sie ist ein ganz liebes Mädchen.»

«Das ist meine Tochter, du Schuft! Du hast sie gefickt!»

«Was?! John! John, das wusste ich nicht. Woher sollte ich das wissen?»

«Hast du sie gefickt, oder nicht? Gestehe!»

«John. Ja. Letzte Woche. Aber ich schwöre dir, Westenbury hatte mir nichts gesagt. Ich schwöre dir, ich hätte es niemals getan, wenn ich das gewusst hätte. Wie kommt denn deine Tochter dahin?»

«Ich hab sie vor zwei Wochen dahin bringen müssen, weil sie schwer erziehbar wurde.»

«Warum hast du mir das nicht gesagt, als wir diese Woche gesprochen haben. Du hast mir auch nicht gesagt, dass Mary, deine Braut, von Westenbury vermittelt ist.»

«Ja. Jetzt haben wir hoffentlich kein Problem. Du wirst die Trauung durchziehen, wie du es immer machst. Kein Wort über das, was wir wissen. Es ist schwer genug für meine Tochter jetzt in diesem Internat zu sein. Sie ist sehr sensibel.»

«Ja. John. Das verspreche ich dir.»

«Du wirst nächste Woche einmal zu mir kommen und wir unterhalten uns ausführlich über das Thema Westenbury. Du junger Wilder!»

«Ich bin nur zwei Jahre jünger als du! Ab und zu brauch ich das. Es macht auch Spaß, das gebe ich zu. Aber du sollst wissen, dass ich die Mädchen in meinem Unterricht sehr ehrlich auf ein zukünftiges Eheleben vorbereite. Mir liegt viel daran, ihnen die Schönheit des Lebens aufzuzeigen und welche Vorteile sie aus der Erziehung bei Westenbury haben werden. Du weißt wie ich, dass diese jungen Damen an sehr fordernde und dominante Männer vermittelt werden sollen. Welche wie du. Ich kenne dich und weiß, weshalb du dir Mary ausgesucht hast. Du hast es mir gegenüber oft genug angedeutet, welche Ansprüche du an eine Frau stellst. Für dein Verlangen und deine Entscheidung, Mary zur Frau zu nehmen, habe ich Verständnis. John, du willst, dass für deine Tochter ein respektvoller Ehemann von nobler Herkunft und kein junger ungehobelter Spross gefunden wird. Wir beide wissen doch, dass die infrage kommenden Männer bereits Erfahrungen im Umgang mit Frauen haben. Dass sie Ehefrauen haben wollen, die wirklich devot sind. Männer, die es brauchen, dass sie bei ihren Frauen den notwendigen Respekt mit körperlichen Disziplinierungen aufrechterhalten können, um sich an ihnen bei ganz bestimmten und ausgefallenen Liebespraktiken zu befriedigen. Darauf werden die jungen Damen bei Westenbury vorbereitet. Das wusstest du, als du deine Tochter in diese Boarding School brachtest. Deine Tochter ist lüstern und nur mit regelmäßigen Spanking kann man das im Zaum halten - und die dazugehörende delikate und exquisite Schulung bereitet sie auf ihre ehelichen Pflichten vor. Das alles geschieht bei Westenbury und Madame Celine in Anstand und Würde. Das versichere ich dir. Auch Mary hat diese Ausbildung bekommen. Ich freue mich wirklich, dass du dich jetzt entschieden hast. In ihr hast du die ideale

Ehefrau gefunden, die alle deine Lüste befriedigen wird.»

«Ist ja schon gut, Edwin.»

«John! Mary wird dir mehr als die Mutter deines Stammhalters werden. Ja, ich gebe es zu, ich habe sie auch sehr delikat kennengelernt. Du weißt, was ich meine. Aber sie ist bewundernswürdig devot. Ich habe mich oft lange mit ihr unterhalten. Sie ist das, was du erwartest. Und ganz wichtig, sie ist von ganzem Herzen bereit, einem Mann wie dir, als Ehefrau zu dienen. Ich bin kein Unmensch, der zu Westenbury geht, nur um die Lust zu suchen. Ich versuche aufrichtig den Mädchen einen Weg zu weisen, wie sie mit einem dominanten Mann glücklich werden können. Westenbury ist sehr zufrieden mit meiner Arbeit.»

«Dann wirst du auch meiner Tochter den Weg weisen, nicht wahr? Auch im blauen Salon?»

«Du weißt davon? Wenn du damit einverstanden bist, Ja, John. Ich verspreche dir, ich werde mich ganz besonders um deine Tochter kümmern.»

«Bereite sie zu einer attraktiven Braut für einen hochgestellten Gentleman vor. Weise ihr auch mit harter Hand den Weg. Und wenn wir sie mit einem noblen Gentleman verheiraten können, der sie als sein Weib richtig hernimmt, soll es mir recht sein.»

«Ich werde mich nächste Woche, wenn ich in der Boarding School bin, eingehend mit ihr unterhalten. Danach komme ich zu dir. Ich werde dir Einiges erläutern, was ich bei Westenbury mache. Ich habe auch etwas vorbereitet und werde bei der

Trauung einige Worte an deine Braut richten, die dir gefallen werden.»

«Ja, Gut, Edwin. Tu das. Haha.»

St. Mary's Church in Twickenham

«Laura. Das ist eure Kirche?»

«Ja, Madame. In der bin ich getauft worden.»

«Wir beide sollen uns in die erste Reihe ganz an der rechten Seite setzen.»

«Madame, hier ist ein Gesangbuch.»

«Danke. Ich denke, es geht gleich los. Dein Vater steht schon vor dem Altar.»

«Wer wird die Braut hereinführen?»

«Psst. Sieh, er kommt schon. Es ist Lord Westenbury. Er führt die Braut zum Altar. Oh, Mary sieht wunderschön aus, nicht wahr?»

«Ja, Madame, sie ist eine schöne Frau.»

«Sie passt zu deinem Vater. Aber jetzt müssen wir zuhören. Der Bischof beginnt mit der Trauungszeremonie.»

«Lord John Fitzgerald Ashton, ich frage Sie: Sind Sie hierhergekommen, um nach reiflicher Überlegung und aus freiem Entschluss mit Ihrer Braut Mary MacFarlane den Bund der Ehe zu schließen?»

«Ja.»

«Wollen Sie Ihre Frau lieben und achten und ihr die Treue halten alle Tage ihres Lebens?»

«Ja.»

«Mary MacFarlane, ich frage Sie: Sind Sie hierhergekommen, um nach reiflicher Überlegung und aus freiem Entschluss mit Ihrem Bräutigam John Fitzgerald Ashton den Bund der Ehe zu schließen?»

«Ja.»

«Wollen Sie Ihren Mann lieben, achten und ihm gehorsam folgen alle Tage seines Lebens?»

«Ja.»

«Och! Laura, hast du das gehört? Das, was der Bischof Mary vorspricht?»

«Ja. Madame. Es ist anders.»

«Und wie. Jetzt sagt er nochmal Mary vor!»

«Mary MacFarlane. Bist du bereit, gehorsam den Samen deines Mannes zu empfangen und die Kinder anzunehmen, die Gott euch schenken will, und sie im Geist Christi und seiner Kirche zu erziehen?»

«Och! Das ist ja unglaublich. Hörst du das Raunen, das durch die Kirche geht? Jetzt wird der Bischof die Vermählungsworte sprechen, hör genau zu, Laura. Erst sagt er sie deinem Vater vor.»

«So schließen Sie jetzt vor Gott und vor der Kirche den Bund der Ehe, indem Sie das Vermählungswort sprechen. Dann stecken Sie einander den Ring der Treue an.

John Ashton, sprich mir nach. Mary MacFarlane, vor Gottes Angesicht nehme ich dich an als meine Frau. Ich verspreche dir die Treue in guten und bösen Tagen, in Gesundheit und Krankheit, bis der Tod uns scheidet. Ich will dich lieben, achten und ehren alle Tage meines Lebens. Trag diesen Ring als Zeichen unserer Liebe und Treue. Im Namen des Vaters und des Sohnes und des Heiligen Geistes.»

«Wie feierlich Laura. Jetzt spricht er Mary vor.»

«Mary, sprich mir nach. John Ashton, vor Gottes Angesicht nehme ich dich an als meinen Mann. Ich verspreche dir die Treue in guten und bösen Tagen, in Gesundheit und Krankheit, bis der Tod uns scheidet. Ich will dich lieben, dein männliches Begehren ehren und deinen Befehlen gehorchen alle Tage meines Lebens. Trag diesen Ring als Zeichen unserer Liebe und Treue: Im Namen des Vaters und des Sohnes und des Heiligen Geistes.»

«Das sind ja interessante Sätze, die der Bischof spricht. Jetzt stecken dein Vater und Mary sich die Ringe an. Der Bischof legt die Stola um die ineinander gelegten Hände.»

«Im Namen Gottes und seiner Kirche bestätige ich den Ehebund, den ihr geschlossen habt. Die Gemeinschaft von Mann und Frau hat er so zu einer neuen Würde erhoben und die Ehe als Bund der Liebe und Lust, als Quelle des Lebens vollendet. Dein Heiliger Geist schenke ihnen Einheit bei der Vereinigung und heilige den Bund ihres Lebens. Schenke ihnen das Glück, Vater und Mutter zu werden, und hilf ihnen, ihre Kinder christlich zu erziehen. Die Trauzeugen und alle, die zugegen sind, nehme ich zu Zeugen dieses heiligen Bundes.»

«Mein Gott. Laura. Das sind würdevolle Worte, die der Bischof sagt. Ich bin ganz erfasst.»

«Ja, Madame Celine. Es ist sehr feierlich.»

*

«Hallo Madame Celine. Ist das nicht eine schöne Hochzeitskutsche.»

«Ja. Referend. Eine weiße Hochzeitskutsche. Traumhaft. Laura, sag Bischof Elsworth brav, Guten Tag.»

«Guten Tag, Referend.»

«Laura. Ich freue mich dich hier zu sehen. Mein Gott. Dieses Kleid, das du anhast. Wunderschön. Es macht dich zu einer richtigen Dame.»

«Danke, Hochwürden.»

«Referend! Laura war sehr brav und durfte deshalb mit. Ich bin sehr stolz auf sie. Sie entwickelt sich gut bei uns. Sieht sie nicht hinreißend aus?»

«Fürwahr. Ein extravagantes Kleid. Es macht sie so damenhaft.»

«Das soll es auch. Ich habe es aus Paris. Ganz neu. Sehr tailliert, wie Sie sehen. Drunter trägt sie eine der neuen Schnür-Korsagen, die Ihnen sicher gefallen würde. Bei der nächsten Party werden Sie sehen, wie traumhaft sie aussieht, wenn sie nur diese Korsage trägt.»

«Das freut mich zu hören, Madame Celine. Das ist ein Zeichen Ihrer fürsorglichen Aufsicht über sie.»

«Referend! Sehen Sie, wie das junge Glück in die Kutsche steigt. Ach, ist das schön.»

«Ich glaube auch, ich habe ein glückliches Paar getraut und ihnen Gottes Segen gegeben.»

«Bischof Elsworth. Es war eine ergreifende

Trauung. Verzeihen Sie mir eine Bemerkung. Ihre Vorgaben an die Braut, Ihnen nachzusprechen, waren, wie soll ich sagen, sehr expressiv.»

«Ja. Madame Celine. John wollte es so. Er ist so und jeder, der ihn kennt, weiß es. Er macht keinen Hehl daraus, welche Stellung er seiner Ehefrau zumisst.»

«Ja, Referend. Ich weiß ja auch, wie Sie darüber denken.»

«Nicht nur denken.»

«Ja. Referend, deshalb möchte ich Sie auch recht herzlich kommenden Mittwoch zum Dinner und zur anschließenden Schulung der jungen Damen einladen.»

«Oh. Danke für die Einladung, der ich gerne folgen werde. Laura, freut es dich, dass wir beide wieder gemeinsam lernen können?»

«Ja, Referend.»

«Ach, wie süß. Wie sich ihre Wangen röten.»

«Lord Westenbury! Gehen Sie mit uns?»

«Ja. Celine. Ich habe Sie gerade erst mit dem Bischof und Laura entdeckt. Hier vor der Kirche sind so viele Leute.»

«Mylord. Das Brautpaar ist mit der Kutsche schon abgefahren. Wir können ihnen zu Fuß folgen. Der Weg ist nicht weit. Sir, bitte. Da ich Sie gerade sprechen kann. Ich habe Bischof Elsworth zu einem Schulungsabend kommenden Mittwoch eingeladen.»

«Oh. Ja. Celine. Wie aufmerksam. Edwin, wirst du kommen?»

«Ja. Natürlich. Hilbert. Ich werde meine

verantwortungsvolle Aufgabe wahrnehmen.»

«Ich habe noch Sir Farnborough eingeladen. Mylord.»

«Ah. Also zwei Herren? Na ja. Sie machen die Arrangements, Celine.»

«Ja. Mylord. Wir haben im Moment drei Schülerinnen und da dachte ich mir, es ist eine bessere Verteilung.»

«Sie meinen, sie können öfter geschult werden.»

«Ja. Mylord. Sie sollten öfter mit Schulung beglückt werden. Sie wissen doch, wie sehr mir das Glück der Mädchen am Herzen liegt.»

«Ich sehe Ihr verschmitztes Lächeln, Celine! Kommen Sie, wir gehen zu John's Haus. Edwin, kommst du mit?»

«Ja, ich komme. Laura, begleite uns und sag mir. Wie war das Gefühl für dich, wenn man der Hochzeit des Vaters beiwohnen darf?»

«Referend. Es war eine wunderschöne Trauung.»

«Ja. Edwin. Die Trauung war außergewöhnlich. Du hast ein paar gute Sätze gesagt.»

«Danke, Hilbert. John hat gegrinst.»

«Da hast du recht, Edwin. Ich kenne John auch gut. Ich denke, es wird mit seiner Mätresse Betty auf eine Menagé à Trois hinauslaufen.»

«Da kannst du recht haben, Hilbert.»

«Madame, darf ich Sie etwas fragen?»

«Laura. Psst. Komm, wir lassen die beiden Herren vorausgehen, dann kannst fragen. Aber leise.»

«Madame. Was ist eine Mätresse?»

«Es ist eine Geliebte, die mit ihrem Herrn das Bett teilt.»

«Oh. Und was ist eine Menage à Trois?»

«Wenn dein Vater mit Mary und Betty zusammen im Bett liegt.»

«Och. Meinen Sie?»

«Oh ja. Ich denke schon. Dein Vater ist ein sehr lüsterner Mann. Die Lüsternheit ist gut für einen Mann in seinem Alter. Das hält ihn jung und gesund.»

Wedding Reception

«Mrs. MacFarlane. Gut, Sie zu sehen. Verzeihen Sie mir, dass ich Ihnen noch nicht die Aufwartung machen konnte.»

«Lord Ashton, ich danke Ihnen, dass ich zu der Trauung meiner Tochter kommen konnte. Ich bin Ihnen sehr verbunden. Sie sind ein so großzügiger Herr. Die Trauung eben in der Kirche vor dem Bischof von Southwark war einmalig und richtig mitnehmend. So stilvoll. Und all diese Gäste. Ich bin Ihnen sehr zu Dank verpflichtet, Sir.»

«Na. Sie sind ab jetzt meine Schwiegermutter.»

«Ja. Das ist lustig.»

«Die Reise war sicherlich belastend.»

«Es ging. Es gibt jetzt einen durchgehenden Zug von Edinburgh nach London.»

«Sind Sie gut in der kleinen Herberge untergebracht?»

«Danke, Sir.»

«Bitte kommen Sie mit mir zu einen kurzen Spaziergang durch meinen kleinen Park.»

«Sir. Ihr Ashton House, hier in diesem wunderschönen Park in Richmond an der Themse, ist ein traumhafter Ort.»

«Der Park rechts gehört mir nicht, nur der Grund bis zum Ufer der Themse. Wie läuft Ihre Destillerie?»

«Ach. Sir. Es ist schwierig. Es gibt viel Konkurrenz in Schottland. Ich habe eine Flasche unseres Besten mitgebracht. Sie sollten ihn probieren.»

«Ihre Tochter hat mir einiges über Ihren

MacFarlane Single Malt erzählt. Ich denke, das ist sehr interessant. Würden Sie mir die Alleinvertretung für den Raum London geben?»

«Oh. Sir. Das überrascht mich. Natürlich. Gerne. Wir haben keinen Großhändler in London, weil wir so klein sind.»

«Ich habe da Anteile an einer Handelsfirma. Abgemacht?»

«Ja. Sir, ich weiß nicht, was sich sagen soll.»

«Schicken Sie demnächst eine größere Lieferung an mich. Hauptsächlich den 12-jährigen. Sie erhalten die Adresse. Legen Sie eine Rechnung dabei. Sie wird sofort bezahlt.»

«Sir. Ich weiß gar nicht, wie ich Ihnen danken soll.»

«Wenn Sie etwas für Ihre Destillerie benötigen, lassen Sie es mich wissen.»

«Ja, ich wollte hier in London schauen, ob ich neue Kondensation-Glasrohre bekommen kann.»

«Wann wollen Sie zurück?»

«Kommenden Dienstag. Ich kann nicht länger bleiben.»

«Sie erhalten von mir nachher eine Geschäftskarte. Ivan Guillingham ist mein Managing Director, er ist hier. Ich werde Sie vorstellen und ihn anweisen, dass er Ihnen alles auf meine Rechnung besorgen soll.»

«Sir. Ich bin überwältigt. Danke.»

«Haben Sie ausführlich mit Ihrer Tochter gesprochen?»

«Ja. Sir. Sie wird Ihnen eine gute Ehefrau sein.»

«Ich würde es begrüßen, wenn sie mir schnellstmöglich einen Stammhalter schenkt, der die Linie unseres Hauses weiterführen kann.»

«Sir, sie können sicher sein, Mary wird Sie nicht enttäuschen. Sie wird zu allem bereit sein, um Ihnen einen gewünschten Stammhalter zu schenken.»

«Ich möchte, dass Sie Ihre Tochter sehr eindringlich auf mein Verlangen hinweisen. Machen Sie es ihr besonders deutlich klar und sagen ihr bitte ausdrücklich diesen Satz, dass es ihre Pflicht als meine Ehefrau ist, meinen Samen so oft wie möglich zu empfangen.»

«Oh. Sir. Ja. Jetzt erkenne ich, wie wichtig für Sie dieses Verlangen ist. Ich verstehe Ihren scharfen Hinweis. Sie können sich darauf verlassen, dass ich es meiner Tochter wortwörtlich ausrichten werde. Sir, wenn meine Tochter nicht gehorcht, geben Sie ihr die Tawse. Es hat bei ihr immer geholfen.»

«Ja, das werden wir sehen. Würden Sie sich nicht auch auf einen Enkel freuen?»

«Oh. Sir. Es wäre wundervoll!»

«Well. Ich danke Ihnen für dieses Gespräch. Wir werden in enger Verbindung bleiben. Ich werde meiner Frau auftragen, dass sie Ihnen in der nächsten Zeit regelmäßig schreibt.»

«Sir. Ich danke Ihnen.»

«Wir sehen uns gleich beim Dinner, das sehr früh beginnen wird, weil viele Gäste einen langen Weg nach Hause haben.»

*

«Betty, wie geht es Ihnen? Sie stehen hier im Garten so alleine herum. Ist das ein trauriger Tag für Sie?»

«Nein, Sir. Überhaupt nicht. Ich bin glücklich, dass Sie eine solch hinreißend schöne Ehefrau gefunden haben. Sie wird ihre Verpflichtung als Gattin sicherlich ernst nehmen und Ihre Erwartungen befriedigend erfüllen. Das brauchen Sie, Sir.»

«Ja. Das brauche ich. Ich hatte bei der Trauung vor dem Bischof schon einen Ständer.»

«Sir!»

«Betty! Sie kennen mich! Aber wie das so bei Hochzeiten ist. Das wirklich Exquisite geschieht erst heute Nacht.»

«Das werden Sie doch sicher gerne machen, Sir.»

«Ja, Betty. Es wird sich einiges ändern. Ich bin Ihnen für Ihre bisherige Hingabe sehr dankbar. Sie sind ab sofort keine Gouvernante mehr in meinem Haus, sondern die Gesellschafterin des Hauses Ashton. Eine Gesellschaftsdame, die meiner Frau helfen wird, dieses Haus und die Bediensteten zu führen. Heute Abend, so um Mitternacht, wenn ich mit meiner jungen Braut das Hochzeitsfest verlassen werde, werden Sie uns begleiten.»

«Sir? Ich?»

«Ja. Und zwar werde ich, bevor ich die eigentliche Hochzeitsnacht auskosten will, in Ihrem Beisein meiner jungen Gattin meine Vorstellung von Disziplin und Gehorsam in diesem Haus aufzeigen – und ich werde ihr ihre Stellung als Gesellschaftsdame erklären. Welche Aufgaben und Autorität Sie, Betty, im Haus und in der Personalführung haben, um meine Frau von diesen Aufgaben zu entlasten, damit sie sich auf ihre eigentliche Aufgabe als Ehefrau konzentrieren kann.»

«Danke. Sir.»

«Betty. Ich wünsche zwischen euch keinerlei Missgunst, von Ihnen nicht und auch von meiner Gattin nicht, der ich das heute Abend nachdrücklich klar machen werde. Sollte ich so etwas feststellen oder böse Worte hören, werde ich es mit harter Züchtigung bestrafen.»

«Sir. Ich verspreche Ihnen, ich werde alles tun, um ein gutes Verhältnis zu Ihrer Gattin aufbauen zu können.»

«Das verlange ich von Ihnen und natürlich auch von meiner Gattin.»

«Sir. Sie können sich auf mich verlassen.»

«Wollen Sie also als zukünftige Gesellschaftsdame des Hauses Ashton in meiner Nähe bleiben?»

«Sir. Sie wissen, wie gerne ich bereit bin, Ihnen zu dienen. Es würde mich glücklich machen, wenn ich in Ihrer Nähe bleiben darf.»

«Gut, Betty. Dann hören Sie genau zu. Ich werde heute Abend meiner Gattin auch unmissverständlich klar machen, dass ich es nicht nur wünsche, Sie als Gesellschaftsdame hier im Hause zu haben, sondern dass auch Sie mir Zeitweise im besonderen Maße zu dienen haben.»

«Sir!»

«Möchten Sie nicht gehorsam sein? Wenn Sie dieses Haus nicht verlassen wollen, dann werden Sie jederzeit und widerspruchsfrei das tun, was ich von Ihnen verlange.»

«Doch, doch, Sir. Verzeihung, Sir. Für Sie werde ich immer bereit sein.»

«Ich werde meiner Gattin mit der Peitsche klarmachen, dass sie das zu akzeptieren hat. Sie wird heute Abend meine Gerte schmerzhaft zu spüren bekommen, bis die Tränen fließen. Nur das wird ihr vor Augen führen, wie wichtig mir ein gutes Verhältnis zwischen euch beiden ist.»

«Danke Sir. Ich bin Ihnen sehr dankbar. Sie wissen, wie bereit ich bin, Ihnen zu allem zu dienen. Ganz besonders dankbar bin ich, dass ich dabei sein darf.»

«Dass Sie dabei sein werden und zuschauen hat einen besonderen erzieherischen Wert. Es zeigt ihr, dass sie auch Ihnen gegenüber einen gewissen Respekt entgegenzubringen hat.»

«Ich danke Ihnen, Sir. Es ehrt mich. Eine solche Züchtigung ist Ihr eheliches Recht. Aber seien Sie gnädig zu Ihrer jungen Braut.»

«Das werde ich. Ich fühle mich seit heute, als wäre ich in einem Jungbrunnen gefallen.»

«Sir. Zeigen Sie Ihrer Gattin die jugendliche Kraft, die in Ihnen steckt. Es ist Ihr Recht als Ehemann, Respekt und Gehorsam zu fordern. Zeigen Sie Ihr unbändiges Verlangen, das es Ihnen ermöglichen wird, mehrmals in einer Nacht Ihre Gattin zu beglücken. Lassen Sie sie Ihre pralle ungestüme Männlichkeit so oft wie möglich tief in Ihren Innersten spüren. Sie wird es Ihnen sicherlich mit einem Stammhalter danken.»

«Ja. Das wird Ihre große Aufgabe. Betty, sie kennen mich und mein Verlangen. Sie werden diese Nacht bei mir bleiben und meine Lust immer wieder neu entfachen, damit ich meine Braut so oft wie möglich begatten kann.»

«Sir! Ich weiß gar nicht, was ich sagen soll. Danke für das Vertrauen. Natürlich werde ich alles tun, was sie verlangen. Erlauben Sie mir die Frage. Wäre es für die Harmonie zwischen Ihrer Ehefrau und mir nicht förderlich, wenn Sie Ihrer Braut zeigen, dass Sie auch mir genauso mit der Gerte die gewünschte Disziplin abverlangen?»

«Ja, Betty. Das wird die Harmonie zwischen euch festigen. Ja, das werde ich tun.»

«Danke, Sir. Ich wäre Ihnen sehr dankbar und würde auch gerne nach einem Spanking die Peitsche, die mich schlägt, küssen, um Ihrer Braut zu zeigen, wie dankbar ich Ihnen bin, dass ich bei Ihnen bleiben darf.»

«Damit würden Sie mir eine große Freude machen, Betty. Ihre Dankesbezeigungen weiß ich immer zu schätzen. Sie werden heute Nacht, zu später Stunde ein sehr ausgedehntes und intensives Spanking im Beisein meiner Braut erhalten, das mich bereit macht, meine Gattin wieder zu besteigen. Damit können Sie mir Ihre Dankbarkeit zeigen.»

«Danke, Sir, danke! Sir, ich bitte Sie inständig um eine Züchtigung mit der Single Tail, die Ihnen meinen Gehorsam zeigt und Ihre Männlichkeit erstarken lässt.»

«Das, was Sie sagen, bewegt mich tief, Betty.

Ihre inständige Bitte werde ich mit Wonne und großer Genugtuung erfüllen. Ihr Gehorsam, Ihren Po mit der eindrucksvollen Wirkung meiner langen Peitsche zu zeichnen, hat mich immer erstarken lassen. Das wird eine lange Nacht des Genusses und der Lustschreie werden.»

«Ja, das wird es. Sir. Ich werde Ihre Hand, die mich peitscht, mit Dankbarkeit küssen und gerne in der Ecke stehen und meine Striemen präsentieren.»

«Sie werden sie meiner Braut präsentieren. Mein Weib soll erkennen, welche Art von Gehorsam ich von ihr erwarte.»

«Es erfüllt mich mit Freude, Sie so glücklich zu sehen, Sir. Sie leben richtig auf. Ich bin sicher, Sie werden eine unvergessliche und sehr befriedigende Hochzeitsnacht erleben. Ein wunderschöner Tag. Es war eine sehr schöne erhabene Trauung durch den Bischof in der Kirche. Ich war ganz hingerissen, wie Lord Westenbury die Braut zu Ihnen geführt hat. Sie haben eine wunderschöne junge Braut.»

«Sie ist eine wirkliche Schönheit. Na ja. Wir werden ihre Schönheit heute Nacht bewundern können und Sie werden sich in Zukunft darum kümmern, dass meine Frau alles vorfindet, was Sie braucht, um mich mit ihrer Anmut zu erfreuen.»

«Sehen Sie, Sir, wie Ihre Gattin umringt ist und von den Gästen beglückwünscht wird. Ein schönes Bild.»

«Sagen Sie, Betty, ist alles vorbereitet für das Reception Dinner im Garten?»

«Sir! Es ist alles mit dem Personal und den

Köchen vorbereitet. So lange die Gäste noch auf der Veranda zum Empfang und zur Gratulation anstehen, werden die Tische gerade eingedeckt. Das Wetter ist wunderbar und es sieht nicht nach Regen aus.»

«Wunderbar, dann können wir beginnen und die Gäste auffordern Platz zu nehmen. Betty! Das Reception Dinner wird nicht lange dauern. Wenn ich Ihnen das Zeichen gebe, werden Sie nach oben gehen und das Schlafgemach vorbereiten. Ich werde mit meiner Braut später kommen, sie über die Türschwelle in das Zimmer ihrer Hingabe tragen und mit ihr auf dem Sofa Platz nehmen, um mich mit ihr erst mal einfühlend zu unterhalten. Stellen Sie den Whisky von Marys Mutter auf einen kleinen Beistelltisch und drei Gläser für uns bereit. Ich werde nach alter schottischer Tradition vor der Begattung einen Toast auf die Braut aussprechen. Danach werden Sie mir helfen, meine Braut zu entkleiden. Das möchte ich alles geruhsam angehen, um meine Lust zu steigern. Butler Henry kann derweil hier unten die Aufsicht über das Personal und die letzten Gäste fortführen.»

«Mylord. Sie sind ein wunderbarer Bräutigam. So Rücksichtsvoll und mit Stil. Ich spreche jetzt mit dem Personal und Butler Henry den Ablauf durch.»

*

«Lord Westenbury.»

«Ach, du, John! Herzlichen Glückwunsch. Ich hab dich nicht gesehen. Du schleichst dich ja richtig heran.»

«Wenn du hier mit etlichen weiblichen Gästen in meinem Garten flirtest, du Lüstling. Hilbert, ich danke dir, dass du meine Braut so feierlich zum Altar geführt hast.»

«War mir eine Ehre.»

«Kannst du kurz mit mir in meine Bibliothek kommen? Ich hab mit dir zu reden.»

«Möchtest du einen Scotch?»

«Ja, danke.»

«Hilbert, ich danke dir. Du hast mir eine wundervolle Braut vermittelt.»

«Du hattest mir nicht gesagt, dass Edwin die Trauungszeremonie abhält. Ich war sehr überrascht.»

«Tja. Du warst vorletzten Mittwoch nicht im Club. Da wollte ich es dir sagen, dass unser lieber Clubkollege, der Bischof, persönlich die Trauung zelebriert. Mittlerweile, weiß ich, dass ihr beide an dem Mittwochabend etwas Lustvolleres gemacht habt, als im langweiligen Club zu sitzen und über Politik zu reden.»

«Was weißt du?»

«Ich habe es von Madame Celine erfahren. Dass auch der Herr Bischof sich der Erziehung meiner Tochter persönlich widmen musste.»

«Oh. Ja, das ist peinlich. Hätte ich das gewusst, hätte ich ihn nicht eingeladen.»

«Ist schon gut, Hilbert. War auch mein Versäumnis. Hätte ich dir schreiben müssen. Damit habe ich aber auch nicht gerechnet, dass du dir Freunde zu gewissen Partys einlädst.»

«John, ich will es dir erklären. Der Bischof ist ein ganz honoriger Mann. Er gibt bei mir im Institut den Mädchen richtige Unterrichtsstunden in griechischer Mythologie und Geschichte. Er ist sehr beliebt und nimmt seine Aufgabe sehr ernst ..!»

«... und fickt meine Tochter!»

«John, das wusste er nicht. Edwin ist ein ganz seriöser Lehrer. Er hat keine Affären, keine Ehefrau und keine Mätresse. Als Dank für seine Unterrichtsstunden lade ich ihn zu den Partys ein. Auch dort kann er seine pädagogische Bestimmung nicht verbergen und hält meisten kleine, kurze amouröse Reden, die allen, auch den Mädchen gefallen.»

«Na ja. Ich bin nachsichtig mit ihm. Er ist mein Freund. Ich habe mich vor der Trauung mit ihm ausgesprochen. Seine diesbezüglichen pädagogischen Qualitäten haben mich überrascht und überzeugt. Da soll er gerne helfen meine Tochter zu erziehen. Er soll aber den Mund halten.»

«John. Das alles ist strikt vertraulich und er weiß das. Ich werde ihm sagen, dass wir über ihn gesprochen haben und was du ihm erlaubst.»

«Hilbert. Ich habe mich heute Morgen vor der Trauung auch mit Madame Celine und meiner Tochter unterhalten können. Dabei habe ich einiges erfahren, wie die Erziehung bei euch gehandhabt wird. Du sollst wissen, dass ich nicht nur damit einverstanden bin, sondern Madame Celine im Beisein meiner Tochter gesagt habe, dass sie diese Art der strickten Erziehung meiner Tochter fortsetzen soll. Und meiner Tochter habe ich klar gemacht, dass ich es gut heiße, wie ihr sie erzieht und dass ich von ihr unbedingten Gehorsam verlange.»

„Das freut mich zu hören, John. Ich danke dir. Das hilft uns bei der Erziehung ungemein.»

«Hilbert. Wenn du etwas für dein Institut brauchst, dann lass es mich wissen. Ich bin von allem begeistert, was ich gehört habe. Auch, dass ihr so einen wunderschön eingerichteten Drawing Room habt.»

„Ha. Hat Celine das erzählt?»

«Sie hatte Andeutungen gemacht und dann habe ich darauf gedrungen, dass sie es mir genau erklärt. So pikant zu wissen, dass sie bei den Schulungen dabei ist.»

«Komm mal vorbei, dann kannst du dir den Raum ansehen. Besser noch, ich lade dich mal zu einer Party ein.»

«Werde ich drauf zurückkommen. Solange meine Tochter allerdings bei dir ist, nicht.»

«Hahaha. Klar.»

«Bilde meine Tochter aus. Finde einen geeigneten Mann für sie und wenn Mary schwanger ist, können wir darüber reden. Ich würde gerne Förderer deiner Akademie werden und den blauen Salon kennenlernen.»

«Oh, John. Du bist willkommen. Bei dir kann

ich sicher sein, dass es diskret bleibt.»

«Da kannst du dich drauf verlassen. Du schuldest mir nämlich was.»

«So? Was denn?»

«Na! Du hast doch meine Tochter entjungfert. Beidseitig, richtig?»

«Haha. John. Ja, wir beide wissen voneinander, was wir beim Liebesakt vor uns haben wollen. Du hast recht. Ich schulde dir was. Deine Tochter war süß, es war unbeschreiblich. Ein süßer Po. Aber ich sage dir. Du hast heute eine Hochzeitsnacht und eine Ehefrau, die dir ganz gehört. Sie ist genauso schlank, hat eine süße Rosette, sehr eng, pflücke dir die Rose.»

«Da kannst du sicher sein.»

*

«Du sitzt hier ganz brav im Garten abseits der großen Wedding Reception, Laura?»

«Oh. Bischof Elsworth. Ja. Vater und seine Frau sind umringt von Gratulanten und Madame Celine wollte einen Sir Farnborough suchen, um ihn zu sprechen.»

«Ah. Farnborough. Kennst du ihn?»

«Nein, Sir.»

«Well. Nächsten Mittwoch wirst du ihn kennenlernen. Ein sehr honoriger Mann. Madame Celine hat ihn auch zur Party eingeladen.»

«Oh! Wird er mich auch ...?»

«Ja, er wird dich auch schulen. Er ist sehr

rücksichtsvoll. Keine Angst. Vielleicht macht es dir sogar Spaß. Kopf hoch! Ich dachte, wenn ich dich schon hier so alleine sitzen sehe, dann wollte ich mit dir ein paar Worte wechseln. Madame Celine und auch Lord Westenbury haben sich sehr lobend über deine Performance ausgesprochen. Das freut mich. Du bist ein sehr liebes Mädchen.»

«Danke. Bischof.»

«Ich habe auch mit deinem Vater gesprochen. Er weiß, dass ich mit dir bei der Party eine Schulung abgehalten habe. Ich habe ihm gesagt, dass ich zu diesem Zeitpunkt nicht wusste, dass du seine Tochter bist und du wirst nicht gewusst haben, dass ich die Trauung vollziehe.»

«Ja. Sir.»

«Jedenfalls hat mir dein Vater nach anfänglicher Irritation gesagt, dass er mich verstehe und eine Schulung durch mich gutheißt. Er weiß also, was an dem Mittwoch geschehen ist und er wird auch erfahren, dass ich dich kommenden Mittwoch wieder schulen werde. Ich würde mir wünschen, dass wir beide ein vertrauensvolles Verhältnis aufbauen könnten und ich deine Sorgen und Ängste besser verstehen kann. Als Mann des Glaubens liegt mir sehr viel daran, dir immer in schweren Stunden der Verzagtheit oder Prüfung beizustehen.»

«Danke, Hochwürden.»

«Ich möchte, dass du weißt, dass du offen mit mir reden und mir damit bei deiner Erziehung helfen kannst. Eine Erziehung, die sicherlich extravagant ist und ihres Gleichen sucht, aber gerade mit ihrer Extravaganz dich zu einer attraktiven jungen Dame heranwachsen lässt. Wir beide wissen, um welche Art der Erziehung es sich handelt. Ein Geheimnis, das uns nicht nur körperlich zusammenschweißt, sondern, und das möchte ich versuchen mit dir aufzubauen, uns beide auch geistig zusammenkommen lässt. Damit du einen Weg findest, mit mir offen über deine Schulung reden zu können. Es gibt einen weisen Satz: *Ludit in humanis divina potentia rebus. Im Menschlichen spiegelt sich die göttliche Allmacht*. Ja, die Schulung, die du erhältst, ist menschlich. Als Priester habe ich mich aber der göttlichen Allmacht verschrieben und möchte dir geistigen Beistand im Glauben anbieten. Als Mensch möchte ich dir zu der körperlichen Schulung die befreiende und vertrauensvolle Aussprache anbieten.»

«Ich danke Ihnen, Referend. Ihre Worte beruhigen mich. Ich würde mich Ihnen gerne anvertrauen. Es ist alles so schwierig zu verstehen. Ich möchte einen Ehemann, ich träume davon, es ist alles so aufregend, dieser Unterricht, diese Schulungen, es erregt mich auch – aber ich stelle mir oft so viele Fragen.»

«Du belastest dein Gewissen mit den Fragen, Ist das alles richtig?, *Habe ich Unkeusches getan? Habe ich unkeusche Gedanken?*. Nicht wahr? Unsere anglikanische Kirche kennt auch die Einzelbeichte. Sie ist bei uns für die Gläubigen nicht verpflichtend, wird aber von den Geistlichen angeboten und auch praktiziert. Ich würde sie dir anbieten, damit du Ruhe, Trost und Geborgenheit findest. Aber du sollst wissen, dass alles, was in Liebe geschieht, nicht Unkeusch ist und die Schulungen erhält du in Liebe. Liebe, die dich auf das Leben vorbereitet.»

«Bischof Elsworth. Ihre Worte zeigen mir, dass sie meine Gedanken verstehen. Dafür bin ich Ihnen sehr dankbar.»

«Laura. Ich kann mir denken, was dich belastet. Ein Kardinal sagte einmal: *Naturalia non sunt turpia! Was natürlich ist, kann nicht Unkeusch sein!*. Ich will ehrlich zu dir sein. Er meinte die anale Penetration. Das, wozu du, neben anderen Liebesdiensten, geschult werden sollst.»

«Ja, Sir. Ich weiß, dass Ehemänner es von ihren Frauen verlangen werden und wir zu gehorchen haben. Aber es ist manchmal sehr schwierig.»

«Zu erdulden?»

«Ja. Sir. Es tut so weh.»

«Das Eindringen?»

«Ja. Sir. Es ist sehr schmerzhaft für mich.»

«Ich verspreche dir, bei den nächsten Schulungen werde ich dein hinteres Löchlein mit sehr viel Öl vorbereiten. Das erleichtert das Eindringen und mit der Zeit wirst du sogar Gefallen daran finden. Dein Löchlein ist sehr eng, äußerst eng, aber es macht mir damit auch große Freude dich zu schulen. Das verstehst du? Wenn ich einmal tief in dir drin bin, möchte ich mich an deinem engen Löchlein mit meinen ausdauernden Bewegungen erfreuen und mich in deinen Po ergießen. Diese Hingabe wird dein Ehemann von dir verlangen. Alle gestandenen Männer verlangen das und werden ihre Frau bei Verweigerung schmerzhaft züchtigen. Jetzt weine nicht, Laura. Du bist auf der Hochzeit deines Vaters.

Ein Freudentag. Er heiratet Mary und Mary freut sich, dass sie die Frau deines Vaters wird. Ich habe mit ihr vorhin gesprochen. Sie ist so glücklich. Mit Mary habe ich mich auch während der Schulungen offen unterhalten können. Sie weiß, was auf sie zukommt, sie will ihrem Ehemann all ihre Liebe anbieten und ist dankbar, dass sie dazu vorbereitet wurde. Komm, ich trockne dir die Tränen. Du willst doch eine schöne Dame sein.»

«Verzeihung, Referend.»

«Ich weiß. Madame hat mir gesagt, dass du sehr emotional bist. Ich weiß, es tut einem jungen unerfahrenen Mädchen wie dir weh, wenn ich mit meinem Glied eindringen muss, um sie in dieses Liebesspiel einzuführen. Das ist aber die Aufgabe, die ich von Madame Celine und dem Lord aufgetragen bekomme, dich für die Ehe vorzubereiten. Weißt du, liebe Laura. Seit tausenden von Jahren benutzen Männer die hintere Öffnung ihrer Frauen, um ihre Lust zu stillen. Zu ihrem alleinigen Vergnügen oder um eine Schwangerschaft zu verhindern. Das war bei den Griechen sehr ausgeprägt, da gab es schon richtig Schulen für junge Mädchen und wurde bei den Römern zur höchsten Blüte geführt. Und gerade in den heutigen Zeiten erwarten hochgestellte Männer von ihren Frauen, dass sie ihnen diese Freuden bieten. Dies wird Mary auch deinem Vater anbieten müssen. Das ist der Grund für deine Ausbildung und Vorbereitung. Ich hoffe, du verstehst mich und wirst mir meine Aufgabe erleichtern.»

«Sir. Ich verstehe Sie und will Ihnen gehorchen. Sie sind sehr gut zu mir.»

«Das verspreche ich dir, dass ich dich sehr rücksichtsvoll und fürsorglich schulen werde. Du hast gemerkt, dass ich nicht ein Mann bin, der dich schmerzhaft mit dem Stock züchtigen will.»

«Ja. Referend. Dafür bin ich Ihnen dankbar. Der Lord züchtigt wirklich schmerzhaft.»

«Laura. Was soll ich dir dazu jetzt sagen. Ja, das Spanking ist manchmal schmerzhaft, weil es dich zu einen bleibenden Gehorsam erziehen soll.»

«Referend. Madame Celine hat mir gestern Abend in einem Gespräch gesagt, dass ich auch gezüchtigt werde, damit meine Lust gefördert wird. Sie hat dabei auf ein besonderes Lehrbuch verwiesen.»

«Ach, Laura. Ich erkenne, wie sehr es dich beschäftigt. Wie es dich innerlich aufwühlt. Es wäre falsch, dir jetzt etwas anderes zu sagen. Ich will dir gegenüber ehrlich sein. Ja, es stimmt. Spanking mit dem Stock oder der Peitsche in Verbindung mit einer Schulung und du weißt, was ich damit meine, erhöhen mit der Zeit deine Bereitschaft lüstern zu werden. Je öfter du ein Spanking und eine anschließende Schulung erhältst, desto mehr wirst du dich nach einer intensiven und kräftigen Schulung durch einen Mann sehnen und leicht zum Orgasmus kommen. Das liegt in der Natur der Frau. Wenn du die Erziehung dazu erduldest, wirst du irgendwann ungeahnte Glücksgefühle erleben. Du magst doch diese Glücksgefühle. Stimmt es?»

«Ja. Referend. Ich gebe es zu. Ich mag das. Es erfasst mich immer und dann überwältigt es mich. Ich kann mich gar nicht dagegen wehren.»

«Du sollst dich auch nicht dagegen wehren. Wenn die Glücksgefühle kommen und bei dir bin ich mir sicher, dass sie oft kommen werden, dann mach dich frei von allen hemmenden Gedanken. Wir wollen dir die Glücksgefühle schenken, du sollst lernen, dass die Liebe dich frei machen kann. Dass du dich deinem Ehemann mit Freude hingeben kannst, dass du ihn damit glücklich machen kannst und dabei selbst die höchsten Glücksgefühle erlebst. Du wirst dich in der Ehe nach der körperlichen Liebe sehnen. Diese Gedanken des Verlangens sind gut und rein und zeige sie täglich dem Mann, den du liebst. Du lächelst. Das freut mich.»

«Ich gebe zu, dass ich sehr oft diese Gedanken habe. In den letzten Tagen habe ich sogar Verlangen gespürt, als mich der Lord oder Madame zur Schulung rief.»

«Madame hat dich auch geschult?»

«Ja. Referend. Ihnen kann ich mich anvertrauen. Es war sehr schön, wie sie mich geschult hat.»

«Du erregst mich sehr, Laura. Ich schule dich wirklich gerne. Du bist wunderschön und deine gehorsame Hingabe hat mich entzückt. Erlaube mir, dir das jetzt zu sagen. Du hast einen zierlichen süßen Po, den ich liebe. Ich freue mich darauf, dich wieder schulen zu können und würde von der attraktiven eleganten jungen Dame jetzt gerne hören, dass sie mir sagt, dass sie mir am Mittwoch ihren Po anbieten möchte und mich bittet, sie zu schulen.»

«Sir...! Sir?»

«Ich würde dich jetzt gerne darum bitten. Bitte.»

«Sir ...! Referend ...! Sir ...! Ich ..., ich werde Ihnen gehorsam meinen Po anbieten und bitten, dass Sie mich ..., dass Sie mich schulen.»

«Danke Laura. Mit diesem Satz hast du mir eine große Freude bereitet, die ich den ganzen Abend im Herzen tragen werde. Hier, trockne deine Tränen.»

«Danke, Sir.»

«Du erstaunst mich wirklich. Ich glaube, du bist von Natur aus sehr devot veranlagt, was dich noch begehrenswerter macht.»

«Referend. Darf ich etwas fragen?»

«Ja, mein Kind, frag nur.»

«Ich habe von einer der Mitschülerinnen gehört, dass die meisten jungen Frauen bei den Rennen in Ascot ihren Ehemännern schon in der Kusche bei der Anfahrt mit dem Mund dienen müssen und viele dabei gespanked werden.»

«Ja. Das mag schon stimmen. Ascot ist ein gesellschaftliches Ereignis, dass von vielen Männern benutzt wird, um ihre attraktiven Ehefrauen vorzuführen, besonders, wenn sie jünger sind. Diesen Männern verschafft das eine Befriedigung, wenn andere Damen der Gesellschaft erkennen, dass sie eine Ehefrau besitzen, die ganz besonders gehorsam sein muss und zur Disziplinierung die Reitgerte erhält. Das ist bei anderen gesellschaftlichen Ereignissen auch nicht anders. Zum Beispiel bei Hochzeiten.»

«Auch hier?»

«Ja, Laura. Auch hier sind einige Frauen, die

von ihren Ehemännern regelmäßig gezüchtigt und zu besonderen Liebesdiensten mit der Peitsche bewegt werden. Das ist etwas, das du lernen musst zu erkennen. Du musst wissen, dass es in der Gesellschaft immer Ehepaare gibt, die einen etwas außergewöhnlichen Lebensstil praktizieren und es sind nicht nur die Männer, die besondere Dienste von ihren Frauen verlangen.»

«Frauen auch?»

«Oh ja. Es gibt viele Frauen, die es gar nicht anders wollen, als sich einem dominanten Ehemann zu unterwerfen. Die wollen, dass ihr Gatte ihr mit einem Spanking zeigt, wie sehr er sie liebt und sie anschließend seine männliche Kraft spüren lässt. Das ist das, was bei dir unterschwellig schon vorhanden ist und das du akzeptieren musst. Das wird dich frei machen. Ist es nicht so, dass du von einem starken, dominanten Ehemann träumst, dem du dich gerne unterwerfen möchtest? Dem du zu allem gehorchen möchtest? Der dich mit Spanking lüstern macht und dich schulen soll? Sei ehrlich.»

«Ja. Referend. Das stimmt. Abends denke ich oft daran.»

«Brauchst nicht rot zu werden, Laura, ich habe dafür volles Verständnis. Du sollst wissen, dass ich deine Träume gut finde. Ich wünsche dir von ganzen Herzen, dass dir deine Träume in Erfüllung gehen. Du wirst sehen, es ist das Schönste, wenn du dich einem Ehemann ganz hingeben und zeigen kannst, wie sehr du ihn liebst. Jetzt komm mit mir. Wir mischen uns unter die Gäste. Ich werde dich ein paar Leuten vorstellen. Vielleicht wird auch ein späterer Ehekandidat auf dich aufmerksam. Du siehst so hinreißend aus. Du bist eine begehrenswerte junge Frau.»

«Danke Bischof.»

*

«Oh, Bischof Elsworth. Das freut mich, dass Sie hierhergekommen sind, nach dieser perfekten und andächtigen Trauungszeremonie.»

«Seien Sie gegrüßt, Lady Wellington. Ja, ich habe mich wieder in das normale Aussehen eines Priesters zurückverwandelt. Well, die Zeremonie hat Ihnen gefallen?»

«Referend, es war himmlisch. Und so pikant, was Sie der Braut vorgegeben haben zu sprechen.»

«Ach ja? Sie haben das bemerkt? Ich wollte meinem Freund Lord Ashton einen Gefallen tun. Er mag diese Art der Klarstellung zur Aufrechterhaltung der Harmonie.»

«Ja, lieber Bischof. Wir beide wissen um die Aufrechterhaltung der Harmonie. Was haben Sie da für eine bezaubernde junge Dame bei sich? Reizend.»

«Das ist die Tochter von Lord Ashton.»

«Ach, Ashton hat eine solch bildhübsche Tochter? Das wusste ich gar nicht. Guten Tag, meine Liebe. Ich bin Lady Wellington.»

«Guten Tag, Lady Wellington.»

«Sag mir, wie alt bist du?»

«Ich bin achtzehn Jahre, Mylady.»

«Und ein so elegantes Kleid, wirklich atemberaubend. Woher ist es?»

«Ich habe es nicht gekauft. Ich habe es von meiner ...!»

«... Sie hat es von Madame Celine bekommen.»

«Wirklich? Bischof! Ich bin erstaunt. Was sagen Sie da?»

«Laura ist seit zwei Wochen in der Boarding School von Lord Westenbury.»

«Ach nein! Das ist ja interessant. Laura! Du bist in der Obhut von Madame Celine?»

«Ja. Mylady.»

«Dann haben wir beide ein gemeinsames Geheimnis. Ich verrate es dir.»

«Mylady?»

«Das muss unter uns bleiben. Versprichst du es!»

«Ja, Mylady. »

«Ich kenne Bischof Elsworth auch von dieser Schule. Das ist ein Jahr her. Da bin ich jetzt überrascht. Das heißt, du möchtest bald heiraten.»

«Ja, Mylady. Mein Vater wünscht es.»

«Sag! Dann bist du auch schon vom Bischof im blauen Salon geschult worden?»

«Ja, Mylady.»

«Ach, wie süß sich ihre Wangen röten! Bischof Elsworth! Da bin ich jetzt richtig überwältigt. So eine hübsche junge Dame. Und jetzt gehen Sie mit ihr hier auf Männersuche?»

«Nein, Ma'am. So aktuell ist es noch nicht.»

«Im September ist Debüt Saison. Mein Gatte und ich werden ein großes Sommerfest in zwei Wochen veranstalten, zu denen auch eine Menge toller Junggesellen und hübsche Damen im heiratsfähigen Alter eingeladen werden. Einen Debütantinnenball. Ich würde Sie gerne dazu einladen, wenn Sie diese reizende junge Dame mitbringen.»

«Lady Wellington! Vielen Dank für die Einladung. Ich werde mit Ihrem Vater sprechen. Als Ihre Gouvernante wird er mich sicherlich mit ihr gehen lassen. Allerdings muss Madame Celine ihre Einwilligung geben.»

«Das ist lustig, wie Sie das sagen. Ist denn die liebe Tochter bereit, sich in der Boarding School gehorsam schulen zu lassen?»

«Lady Wellington. Madame Celine und ich sind voll es Lobes. Laura's Performance ist mehr als zufriedenstellend.»

«Das ist sehr gut. Dann ist sie eine richtige Heiratskandidatin. Laura, das erfreut mich zu hören. Du wirst ganz sicher einen tollen Ehemann finden. Würdest du gerne zu meinem Debüt-Sommerfest kommen?»

«Ja, Mylady. Wenn Madame Celine es erlaubt, würde ich sehr gerne kommen.»

«Lieber Bischof, das werden Sie doch sicher erreichen. Aber ich sehe gerade den jungen Lord Seymore. Bischof, darf ich Ihre Laura schnell entführen und sie ihm vorstellen. Ich werde nichts verlauten lassen.»

«Lord Seymore?»

«Ein begehrter Junggeselle. 35 Jahre alt und hat das Erbe seines Vaters in Stufford angetreten. Komm mit mir, Laura!»

«Laura. Ich werde unser gemeinsames

Geheimnis nicht erwähnen. Keine Angst. Aber schau ihn dir an. Der große Schwarzhaarige in dem grauen Anzug. Sieht er nicht toll aus? Ein solch attraktiver Junggeselle, eine imposante Erscheinung und er strahlt eine einnehmende Dominanz aus. Komm, ich stelle dich vor.»

«Lord Seymore! Sie in London?»

«Oh. Lady Wellington. Welch Ehre. Sie sehen hinreißend aus. Ja. Ich habe geschäftliche Verpflichtungen in London und John Ashton, den ich vom Oberhaus her kenne, hatte mich zu seiner Hochzeit eingeladen.»

«Ich wollte Sie fragen, haben Sie meine Einladung zum Debut Sommerfest nächsten Monat erhalten? Ich würde mich freuen, wenn Sie kommen könnten.»

«Selbstverständlich werde ich zu dem berühmt berüchtigtsten Sommerfest von London kommen. Vielen Dank für Ihre Einladung.»

«Ich möchte Ihnen diese reizende Person in meiner Begleitung vorstellen. Komm her, Laura. Das ist Laura Ashton, die Tochter von Lord Ashton.»

«Oh. Angenehm. Guten Tag, Miss.»

«Guten Tag, Mylord.»

«Ich hoffe, ich kann ihren Vater überreden, dass sie auch zu meinem Sommerfest darf.»

«In der Tat. Lady Wellington. Sie wäre ein leuchtender Stern auf Ihrem Sommerfest.»

«Sie Charmeur!»

«Miss Ashton! Sie sind eine sehr attraktive Dame. Eine Freude, Sie kennenzulernen.»

«Laura! Komm, wir müssen weiter. Lord Seymore, ich empfehle mich.»

«Ma'am, Miss!»

«Sieht er nicht gut aus, Laura? Ein toller Mann. So sportlich. Er reitet sogar die Military und hat ein eigenes Gestüt. Er hat sich sogar nach dir umgedreht.»

«Ja, Lady Wellington. Er hat mich angelächelt. Ich danke Ihnen, dass Sie mich mit ihm bekannt gemacht haben.»

«Siehst du, das ist dein erstes Debüt. Ist das nicht schön? Da ist der Bischof. Ich bringe dich zurück. Ich muss zu meinem Gatten.»

Lord Haydon Seymore, Earl of Stufford

«Lord Seymore?»

«Oh. Lady Wellington! »

«Sir. Ich sehe, Sie haben gerade der Braut und dem Bräutigam gratuliert.»

«Ja. Die Braut sieht fantastisch aus. John kann stolz sein.»

«Mylord, kann ich Sie einen Moment sprechen?»

«Aber natürlich. Für Sie Ma'am würde ich alles tun.»

«Oh, sagen Sie das nicht. Sie wissen, ich bin sehr glücklich verheiratet.»

«Ja. Schade. Ich hatte damals auf dem Debütantinnenball um Ihre Hand angehalten. Aber Sie haben mich abgewiesen.»

«Mylord. Sie waren um Stunden zu spät. Zu der Zeit war ich schon versprochen. Da konnte Madame Celine auch nichts mehr ändern.»

«Ja, ich weiß. Ich habe Madame Celine zu spät angesprochen. Zu spät hatte ich erfahren, dass Sie in der Boarding School bei Westenbury waren. Vor dem Ball hatte ich ein Gespräch in London mit Madame Celine gehabt und sie hatte mir die Vorzüge des Internats offenkundig gemacht, aber ich hatte keine Zeit zu der Schule hinauszufahren. Erst nachdem ich mit Ihnen, hochverehrte Lady, auf dem Ball getanzt hatte und ich Sie dann später bei Madame Celine sitzen sah, konnte ich einschätzen, was für eine wertvolle Lady Sie sind.

Sie wären die ideale Frau für mich gewesen.»

«Danke für das Kompliment, Sir. Ich weiß um Ihre Erwartungen und Ansprüche. Es ist ein großes Geheimnis, das uns beide verbindet und es soll auch unter uns bleiben.»

«Ma'am. Sie können sich hundert Prozentig auf mich verlassen.»

«Weil wir uns so gut verstehen, Mylord, möchte ich Ihnen etwas verraten. Aber Sie dürfen sich nichts anmerken lassen und niemanden etwas sagen!»

«Oh. Das hört sich wirklich geheimnisvoll an. Ich schwöre Ihnen, zu gehorchen.»

«Sie Casanova, Sir! Ich habe Ihnen vorhin die Tochter von Lord Ashton vorgestellt.»

«Ja. Eine bildhübsche junge Frau.»

«Sie ist seit zwei Wochen in der Obhut von Madame Celine.»

«Nein! Was Sie nicht sagen. Wirklich?»

«Ja. Ich weiß es von Bischof Elsworth, der ein enger Vertrauter von Westenbury ist und auch in der Boarding School unterrichtet.»

«Das kann ich gar nicht glauben.»

«Sie sollten es, Sir.»

«Aber sie ist sehr jung.»

«Sie ist achtzehn. Der Bischof, der mich aus der Zeit vor meiner Hochzeit kennt, als auch ich in der Obhut von Madame Celine war, gab mir im Stillen zu verstehen, dass die Kleine ein Heißblut ist. Ihr Vater hat sie zu Madame gegeben, damit ihr Gemüt gezügelt und sie gezähmt wird.»

«Das ist ja wirklich interessant. Und Sie glauben, dass die Kleine bei Madame Celine die rechte Erziehung erhält, die wir meinen.»

«Ich glaube, es nicht nur, ich bin mir sicher. Der Bischof machte mir gegenüber die Andeutung, dass die Erziehung der Kleinen in jeder Hinsicht sehr zufriedenstellend ist. Madame Celine wird sie zu einer sehr attraktiven Partie heranbilden. Eine Frau, die Ihren Ansprüchen genügen würde. Sie kennen doch Madame Celine und Lord Westenbury und wissen, welchen exquisiten Ruf ihre Boarding School hat.»

«Ja. Sie haben Recht. Ich weiß es.»

«Sir! Ich weiß, Sie sind wie mein Gatte ein sehr erfahrener Reitersmann, dem es eine Herausforderung ist, eine ungezähmte Stute mit straffen Zügeln zu führen und sie mit der Gerte am Ausscheren zu hindern. Sie sollten diesmal nicht zu spät sein. Sie lassen sich sonst ein unschätzbares Schmuckstück entgehen.»

«Lady Wellington! Ich bin erbaut von Ihren Worten.»

«Ich habe Bischof Elsworth eingeladen, mit ihr zu unserem Debütantinnenball zu kommen und er hat mir geantwortet, dass dies von der Zustimmung von Madame Celine abhängt. Sir! Sie sollten bei Madame noch heute vorsprechen.»

«Lady Wellington. Sie haben mir einen unschätzbaren Hinweis gegeben. Ich bin Ihnen zu großem Dank verpflichtet.»

«Sir. Ich kann Ihnen auch noch Folgendes im Vertrauen sagen. Nachdem ich Ihnen die Kleine vorgestellt hatte, habe ich mit ihr über Sie gesprochen – und sie fand, dass Sie ein sehr attraktiver Mann seien.»

«Danke, Ma'am. Danke. Ich werde Madame Celine aufsuchen.»

*

«Madame de Méricourt, meine Verehrung!»

«Oh, Lord Seymore. Das ist schön, Sie zu sehen.»

«Ja, ganz meinerseits. Es ist lange her, dass wir miteinander gesprochen haben. Verzeihen Sie meine Unaufmerksamkeit.»

«Mylord, sind Sie mit ihrer Gattin hier?»

«Nein, Madame. Ich bin immer noch Junggeselle.»

«Ach ja? Dann sind Sie hier auf Brautschau?»

«Das kann man so sagen. Ich hatte vor einigen Minuten das Vergnügen, die Bekanntschaft von Laura Ashton zu machen. Lady Wellington hatte mich mit ihr bekannt gemacht.»

«Ach. Emily. Die jetzige Lady Wellington. Das ist eine Überraschung.»

«Haben Sie sie noch nicht gesehen? Sie muss hier irgendwo sein.»

«Das wird sich sicher noch ergeben.»

«Madame. Sie haben sicher gehört, dass Lady Wellington in zwei Wochen einen Debütantinnenball in ihrem großen Anwesen plant. Da wollte ich Sie fragen, ob Sie mit der reizenden Miss Ashton auch zugegen sein werden?»

«Das ist jetzt wirklich überraschend. Ich kann es Ihnen noch nicht sagen. Es hängt von einigen Faktoren ab.»

«Madame, ich wäre Ihnen sehr verbunden, wenn Sie es möglich machen könnten. Lady Wellington hatte mir gesagt, dass Sie die bezaubernde Miss Ashton in Ihre Obhut genommen haben.»

«Ja. Das stimmt. Laura ist seit zwei Wochen bei uns und entwickelt sich großartig.»

«Ich weiß um den guten Ruf ihres Hauses und wie nachsichtig und fürsorglich Sie jungen Damen bei deren Entwicklung helfen.»

«Das haben Sie sehr elegant formuliert, Sir.»

«Ich würde mit Ihrer Erlaubnis, Madame, auch gerne Miss Laura fragen, wenn sie denn zum Ball kommt, ob sie mir einen Tanz reservieren würde?»

«Das ließe sich arrangieren, Lord Seymore.»

«Danke. Ich fühle mich geehrt. Madame, natürlich alles in Ehren und der Würde des Hauses Wellington angemessen. Ich würde Ihnen gerne eine Kutsche zu dem Zeitpunkt schicken, die Sie und Miss Laura hin und auch wieder zurückbringen kann.»

«Nun gut, Lord Seymore. Sie sind in London?»

«Ja. Die nächsten Wochen sicherlich.»

«Ich werde übernächste Woche einen Tag in London sein, dann könnten wir uns zu einem ausführlichen Gespräch treffen und ich würde Sie dann wissen lassen, ob ich mit Laura zu dem Ball kommen kann.»

«Für ein ausführliches und offenes Gespräch wäre ich Ihnen zutiefst zu Dank verpflichtet.»

«Mylord. Ich weiß um ihre Vorstellungen und würde Ihnen dann sagen können, ob Laura's Erziehung in unserem Institut soweit fortgeschritten ist, dass sie zu dem Ball darf. Sie können ermessen, dass eine strenge Erziehung zur Disziplin Zeit braucht.»

«Madame Celine, Sie wissen um meine Vorlieben und dass ich eine Ehefrau von hohem Stande suche, die bereit ist, sich einer strengen gesellschaftlichen Disziplin zu fügen.»

«Sie können versichert sein, dass Laura dazu erzogen wird.»

«Das lässt mein Herz höher schlagen, Madame. Ich werde sehnsüchtig auf das Gespräch mit Ihnen warten und hoffe, ich kann von Ihnen Details über die erfolgreiche Erziehung erfahren.»

«Mylord. Es erfreut mich, dass Sie ein großes Interesse an Laura's Erziehung zeigen. Ich kann Ihnen in soweit sagen, dass Laura eine äußerst anmutige junge Dame ist, die sich sehr gehorsam strengen Disziplinierungen zur Vorbereitung zu einer Ehe fügt. Aber dies kann ich Ihnen dann näher erläutern.»

«Schicken Sie mir eine Depesche. Hier ist meine Karte. Ich werde jederzeit zu einem Gespräch mit Ihnen zur Verfügung stehen.»

«Das weiß ich zu würdigen, Lord Seymore. Entschuldigen Sie. Ich muss gehen. Auf Wiedersehen, Lord Seymore.»

«Auf Wiedersehen. Ma'am.»

«Vater! Madame möchte, dass wir die Kutsche nehmen und abreisen, da wir vor der Dunkelheit ankommen müssen. Ich wollte dir Adieu sagen.»

«Laura, mein Kind. Umarme mich. Es ist kein Abschied für immer, denke daran. Ich bin für dich da. Ich werde dich alsbald besuchen und dann zeigst du mir die schöne Gegend der Surrey Hills. Habt ihr genug zu essen bekommen?»

«Oh, Vater. Es war exzellent. Es hat allen geschmeckt.»

«Ich wünsche dir alles Gute, mein Kind und hoffe, du folgst gehorsam.»

«Das werde ich, Vater. Das verspreche ich.»

«John, ich werde Madame Celine und deine Laura noch zur Kutsche begleiten.»

«Danke. Edwin. Das weiß ich zu würdigen. Bist du auch satt geworden?»

«Oh, Danke, John. Die Mock Turtle Soup war Spitze.»

«Ist ja auch von unserer Queen Victoria heiß geliebt.»

«Und das Tenderloin in Riesling Soße, absolut unschlagbar.»

«Ist gut, Edwin. Wir sehen uns und nochmals, Danke für die beeindruckende Trauungszeremonie. Laura! Auf Wiedersehen. Gib mir einen Kuss!»

«Auf Wiedersehen, Vater.

*

«Madame Celine. Ich habe mit Laura ein ausgesprochen erbauliches Gespräch gehabt. Ich bin nicht nur erstaunt über ihre sittliche Reife, sondern ich habe fest gestellt, dass Laura bereits die Fähigkeit besitzt, schwerwiegende Entscheidungen für ihr Leben sehr stark zu vergeistigen und bereit ist, sich mit den Konsequenzen geistig auseinanderzusetzen.»

«Bischof Elsworth! Es erstaunt mich, dass Sie zu dem gleichen Resultat kommen. Ich habe es bei einem Gespräch gestern Abend mit ihr in der Boarding School auch herausgefunden. Laura ist sehr gereift.»

«Madame Celine, ich halte morgen am Sonntag doch den Gottesdienst in Ihrer Kapelle, wie alle zwei Wochen. Ich wäre Ihnen zu großen Dank verpflichtet, wenn Sie es ermöglichen könnten, dass ich anschließend oder nach dem Lunch, mit Laura an einem ungestörten Ort eine Aussprache zur Sittlichkeit, Ethik und des Glaubens führen könnte. Ich habe bemerkt, wie dankbar sie für die Fortsetzung meines Gesprächs mit ihr wäre. Ein intensives Gespräch, um den tiefen Sinn der gottgegebenen Liebe zu erkunden und in ihr die Mannigfaltigkeit der Empfindungen zu öffnen. Dies würde ihr die beste Möglichkeit der Sinnfindung geben, zu der ich ihr helfen möchte.»

«Oh. Bischof Elsworth, das ist außergewöhnlich. Ich gebe Ihnen Recht, Laura ist für ihr Alter geistig weit entwickelt, sehr verständnisvoll für die

Dinge, die um sie herum passieren und vergeistigt sehr viel. Aber eine rein geistige Schulung, müsste ich erst mit Lord Westenbury besprechen.»

«Madame Celine. Ich weiß um die Zielsetzung ihres Instituts. Ich würde neben der geistigen Schulung selbstverständlich die körperliche Erbauung, die ich übergeben kann, nicht vernachlässigen, da sie mir auch ein Anliegen ist. Insbesondere unter dem Gesichtspunkt, Laura die Vereinbarkeit von Geist und Körper ersichtlich zu machen, um ihre sittliche Reife damit zu stärken. Die *Cura Corporis*, die Sorge um den Körper ist meine höchste Verpflichtung.»

«Mein Bischof, die Eloquenz in Ihrer Wortwahl ist bewundernswürdig. Ich anerkenne, mit welcher Ernsthaftigkeit Sie ihre pädagogische Aufgabe bei uns wahrnehmen. Es erfreut mich zu hören, dass Sie besonders Laura in Ihr Herz geschlossen haben, um ihr die Vereinbarkeit von Geist und Körper zu verdeutlichen.»

«Madame, ich gebe zu. Nach den Gesprächen heute mit Laura reizt es mich ganz besonders, Laura auch bei ihrer körperlichen Entwicklung zu helfen.»

«Dieses Geständnis weiß ich zu schätzen, lieber Bischof. Einer Schulung hätte ich nichts entgegenzusetzen. Ganz im Gegenteil, ich würde es sogar begrüßen.»

«Madame. Ich danke Ihnen für ihr Verständnis zu meinem Begehren. In diesen Zeiten der körperlichen Entwicklung durchläuft das Bewusstsein eines jungen Mädchens viele Stationen wechselhafter Gefühle. Zum einen wissen sie um die herrschenden Moralvorstellungen und im Innern spüren sie das Erwachen ihres Körpers. Dieses Erwachen ist der richtige Zeitpunkt, um eine sittliche Erziehung zu beginnen. In dieser Zeit sind sie formbar und sollten nur die Schönheiten des Lebens, der Natur und des Körpers kennenlernen. Diese sittliche Festigung zu erreichen sehe ich als Ziel meiner pädagogischen Aufgabe. Der Kern der Schöpfung ist die Liebe. Es ist eine erfüllende Aufgabe, dieses Wissen weiterzugeben und Laura auf ihrem Weg zu unterstützen.»

«Das hört sich sehr überzeugend an, mein Bischof. Sie sind ein erfahrener Pädagoge. Ich denke, es ist sicherlich auch im Sinne von Lord Westenbury, dass Laura eine solch besondere Schulung erhält, die für sie förderlich sein könnte. Auch mir wäre es ein Anliegen. Ja, ich möchte Sie dazu einladen. Der Lord ist morgen nicht anwesend und Sie können gerne das private Erziehungszimmer von Lord Westenbury zu Laura's Schulung benutzen. Es verfügt über das notwendige Mobiliar und einen Zuchtbock, was Ihnen sicherlich entgegenkommt. Da die anderen Mädchen mit Misses Halton nach dem Gottesdienst einen Ausflug machen, werden wir allein sein. Ich denke sogar, mein hochverehrter Bischof, Sie sollten schon nach dem Gottesdienst mit Lauras Schulung beginnen, so könnten Sie ihr vor dem Lunch und danach jeweils die Vereinbarkeit von Geist und Körper ersichtlich machen.»

«Madame. Ihre Worte machen mich betroffen, denn ich kann ermessen, wie viel Vertrauen Sie in mich setzen. Ich weiß ihr Verständnis zu würdigen.

Ich bin Ihnen sehr verbunden, dass Sie mir diese Möglichkeit geben, Laura mit einer Schulung zu helfen.»

«Referend. Eine Schulung, wie wir es präferieren. Ich muss darauf bestehen.»

«Selbstverständlich, Madame. Ich weiß, dass diese Art der Schulung in Ihrem Institut erwartet wird und Sie können sicher sein, dass ich selbst diese Art der Schulung auch bevorzuge.»

«Es soll dem Erzieher auch Freude bereiten zu schulen.»

«Ja, Madame, davon können Sie ausgehen.»

«Laura. Hast du gehört, was ich mit Bischof Elsworth vereinbart habe? Ich halte eine Schulung morgen für äußerst hilfreich.»

«Ja. Madame.»

«Oh! Jetzt weint sie wieder herzerweichend. Sie weiß genau, was es bedeutet und es belastet sie sehr. Laura, du hast dich doch so gut mit dem Bischof verstanden, wie er mir eben gesagt hat. Das hast du doch, oder?»

«Ja ... Ja, Madame.»

«Madame. Seien sie nachsichtig mit Laura. Es ist sicherlich mehr die Aufgeregtheit jetzt zu hören, dass ich sie morgen schulen werde. Ich werde sie dazu ganz besonders rücksichtsvoll vorbereiten.»

«Bischof Elsworth. Verzeihen Sie mir, wenn ich Ihnen einen ungewöhnlichen Gedanken antrage. Haben Sie heute noch etwas vor?»

«Nein. Wieso fragen Sie, Madame. Ich wollte jetzt auch mit meiner Kutsche nach Hause fahren.»

«Mein Bischof. Sehen Sie, wie sehr unser Gespräch Laura erfasst hat. Meinen Sie nicht, dass eine beruhigende Aussprache noch an diesen Abend notwendig wäre?»

«Ja. Madame. Das sehen Sie richtig. Halten Sie diese Aussprache noch heute Abend mit ihr. Dieser Tag war sicherlich mit all den Eindrücken sehr belastend für Laura gewesen.»

«Er war ganz sicher belastend, aber ich habe die Befürchtung, dass ich dem alleine nicht gewachsen bin. Ich bin nicht sehr erfahren in geistiger Schulung. Ich weiß, es ist ungewöhnlich. Aber ich würde Sie, lieber Bischof bitten, mit Laura und mir mitzukommen, damit wir noch heute Abend ein gemeinsames Gespräch mit ihr führen können.»

«Das ist allerdings außergewöhnlich, Madame. Sicher, mich erwartet niemand zu Hause und es wäre mir eine Ehre, mit Ihnen gemeinsam Laura eine beruhigende Schulung geben.»

«Referend. Ich könnte Ihnen eins unserer Gästezimmer anbieten. Ihre Ausführungen haben mich dermaßen erregt, dass ich Ihnen diese ungewöhnliche Bitte antrage würde. Ich gestehe Ihnen offen, in mir steigt der Wunsch, Laura von Angesicht zu Angesicht beizustehen, wenn Sie sie mit der Aussprache und der zugehörenden Schulung beruhigen könnten. Das würde mich sehr beruhigen und befriedigen. Wir hätten dann dazu die ganze Nacht und Morgen den Tag zur Verfügung.»

«Madame. Diese Bitte kann ich Ihnen nicht abschlagen. Ich werde Sie begleiten.»

«Laura, du hast gehört, was geschehen wird! Gehorche und steig in die Kutsche. Hier hast du ein Taschentuch!»

*

«Kommen Sie, werter Bischof, liebe Laura, wir machen es uns in meinem privaten Wohnbereich gemütlich.»

«Oh, Sie haben eine Flasche Wein geholt, Madame?»

«Ja, Referend. Zur Feier des Tages. Laura, du darfst ein Glas mittrinken. Es ist ein französischer Riesling. Köstlich. Zum Wohle, Hochwürden.»

«Zum Wohle, Madame Celine.»

«Zum Wohle, Laura!»

«Zum Wohle, Madame. Ich habe noch nie ein Glas Wein getrunken.»

«Das darfst du ruhig. Trink das Glas aus. Der Wein belebt den Geist. Laura, ist es nicht süß zu wissen, dass dein Vater jetzt mit seiner Braut Mary die Hochzeitsnacht im Bett genießt?»

«Madame, es ist alles so neu für mich.»

«Das kann ich mir vorstellen. Die Frau an seiner Seite ist jetzt deine Stiefmutter und du kannst sicher sein, dass dein Vater alle Vorzüge ihrer Schönheit genießen wird. Mary ist ja auch eine schöne Braut. Sie war hier eine gelehrige Schülerin, die immer freundlich war.»

«Madame Celine, wie sind Sie an Mary gekommen? Sie stammt schließlich aus Schottland.»

«Das war ein Zufall. Ihre Mutter betreibt eine Whisky Destillerie in Schottland und sie war in London, um Geräte zu kaufen. Sie hatte vor, ihre Tochter zu verheiraten und hatte sich in London umgehört, wann die besten Debüt-Bälle stattfinden. Dabei hatte ihr irgendjemand, der uns kennt, unsere Boarding School empfohlen. Vor fünf Monaten ist sie mit Mary zu uns gekommen, stellte sie vor und bat uns, zu prüfen, ob wir sie aufnehmen könnten. Normalerweise bin ich sehr skeptisch, wenn eine Mutter so einfach zu uns kommt und uns ihre Tochter vorstellt. Lord Westenbury achtet nämlich sehr auf die Herkunft unserer Schülerinnen, um den außergewöhnlichen Ruf unseres Instituts sicherzustellen. Aber ich war von der Schönheit dieses Mädchens sehr beeindruckt. Als ihre Mutter mit Dokumenten nachweisen konnte, dass die Familie MacFarlane einem uralten schottischen Adelgeschlecht entstammt, dem des Earl of Lennox und mich wissen ließ, dass sie eine sehr strenge Erziehung befürworte, ließ ich mich überreden. Ich ließ ihre Mutter wissen, dass eine medizinische Untersuchung bei uns Bedingung ist und ihre Mutter stimmte zu. Als ich Mary splitternackt in meinem Office vor mir hatte, war ich eingenommen. Ein wunderschönes Mädchen, feine Gesichtszüge, einen schlanken Körper und große Brüste. Bei einem solchen Examinieren betaste ich auch alle Körperteile der Mädchen, um die Reaktionen festzustellen. Auch die intimsten Stellen.

Wenn ich beim Examinieren ihren kleinen Kitzler berühre und ein wenig streichle, dann kann ich an der Reaktion sehr schnell erkennen, ob dieses Mädchen für die Erziehung hier geeignet ist. Eine ausgeformte empfindliche Klitoris ist später von höchster Bedeutung für die Erziehung hier, da die Mädchen während der Schulung auch dazu erzogen werden einen Orgasmus genießen zu können. Die Mädchen müssen orgasmusfähig sein. Das ist neben der makellosen Schönheit eine der Grundvorsetzungen für die Aufnahmen.»

«Mein Gott, ist das interessant zu hören. Die Mädchen auszuwählen muss sehr aufregend sein.»

«Ja, das gebe ich zu. Jedenfalls ließ Mary mich schnell erkennen, dass sie rasch feucht wurde und sich nicht gegen das Streicheln wehrte. Aus diesem Grund hatte ich sie aufgenommen und Sie, Referend, haben ja erlebt, wie gehorsam und erfolgreich sie sich erziehen ließ.»

«Ja, das stimmt. Sie war zuletzt bei den Partys immer lustvoll dabei. Laura, ich hoffe, du bist nicht schockiert, immerhin reden wir über deine Stiefmutter.»

«Nein, Referend. Ich weiß, zu was sie ausgebildet wurde.»

«Das ist sehr einsichtig, Laura.»

«Mary war wirklich leicht zu erziehen. Da hatten wir auch schon mal schwierige Fälle und mussten uns von den Mädchen trennen. Aber, wie alle jungen Mädchen, träumen sie davon, als Prinzessin von einem Prinzen gefickt zu werden.»

«Madame Celine! Sie benutzen offene Worte! Es ist erregend, sich mit Ihnen zu unterhalten. Ich liebe es, mit solch offenen Worten eine Konversation zu führen.»

«Wir sind unter uns, Referend. Laura soll zuhören und lernen. Das Verlangen nach Lustbefriedigung, das verdeckt bei den unerfahrenen Mädchen vorhanden ist, kann behutsam zur

Entfaltung gebracht werden. Bei Laura ist dieses Verlangen sehr stark ausgeprägt. Daher verlangt ihre Erziehung nicht nur Anregung, sondern intensive praktische Übung. Bei den Schulungen kann ihr Verlangen gestillt und dadurch gezügelt werden. Ein Ziel meiner Erziehung ist, dass sich ein solch großes Verlangen nach Lusterfüllung in ihrem Körper heranbildet, dass sie gar keinen anderen Wunsch hat als diese Köstlichkeit zu genießen. Köstlichkeiten, die sie dann an der Seite eines attraktiven Ehemannes zur Genüge finden kann. Ich lasse es sie gerne wissen, welch ein phantastisches Leben sie an der Seite eines hohen Herren erwarten kann, der ihnen alle materiellen Sorgen abnimmt, der sie in seinem Sinne disziplinieren wird, aber sie dafür liebt und vergöttert. Nicht wahr, Laura. Ein Ehemann, der dich vergöttert, der dir ein herrschaftliches Heim bietet und dir hunderte wunderschöne Kleider schenkt, den würdest du dir wünschen.»

«Ja, Madame. Das wäre sehr schön.»

«Dies ist auch meine große Erfahrung bei der Erziehung, Madame Celine. Junge Mädchen mit entsprechender Veranlagung können mit Beharrlichkeit dazu erzogen werden, irgendwann die Lust zu empfinden, um diese dann später ihrem Gatten zu schenken. Ich sehe in dieser Erziehung zur Lust auch nichts Verwerfliches. Es heißt: *Omnia vincit amor*, nur die Liebe erhält die Welt. Und Amor ist die körperliche Liebe.»

«Sie sprechen mir so sehr aus dem Herzen, Hochwürden. Mit Ihnen kann man eine sehr galante Konversation betreiben. Ihre wirklich elegante Formulierung weiß ich sehr zu würdigen. Das freut mich und wenn ich ehrlich bin, es regt mich sehr an, mich mit Ihnen auf diesem hohen Niveau zu unterhalten und zu lernen.»

«Danke für das Kompliment. Ja, es macht mir auch eine große Freude, sich mit Ihnen zu unterhalten. Ich weiß, es ist ein sehr komplexes Thema und bedarf gegenseitigem Einfühlungsvermögen, da es sich im Grunde genommen einzig und allein um sehr intime Details handelt. Ich bin froh, in Ihnen eine Frau gefunden zu haben, die eine solch aufgeschlossene Gesprächspartnerin ist. Solche galanten Gespräche können sich auch nur langsam entwickeln. Ich bin immerhin Priester und Sie haben ganz sicherlich bisher kaum einen Priester getroffen, der Ihren Gedanken so nahe steht. Die Kirche weiß um das Verlangen des Mannes, das gestillt werden muss und duldet es. Madame, wenn Sie erlauben, würde ich gerne ein gemeinsames Gebet sprechen, um diesen Abend den würdigen Rahmen zu geben.»

«Oh, bitte. Referent.»

«Darf ich Sie und Laura bitten, sich auf den Teppich hier zu knien und mit mir zu beten.

Die Vorherbestimmung zum Leben ist der ewige Vorsatz Gottes.

Wir wollen beten: Herr, lebensbejahende Menschen sind dir eine Freude, weil sie dein Wesen widerspiegeln. Die einzige Norm, die dir wichtig ist, ist das Tun aus Liebe. Wir kommen in die Gegenwart deines heiligen Geistes, o Herr, um den Weg zu erkennen, auf dem wir am besten dienen können. Um uns auf die Aufgabe vorzubereiten, die unsere göttliche Bestimmung ist: Liebe zu geben. Nimm unser Herz und mache es zu einem Heiligtum der Liebe. Schenke uns das Glück, die Befriedigung durch die Liebe intensiv zu erleben - in Demut und Dankbarkeit, Amen.»

«Oh, Referend, ein wunderschönes Gebet. Der Satz *Schenke uns das Glück, die Befriedigung durch die Liebe in Demut und Dankbarkeit intensiv zu erleben* ist wundervoll. Er sagt alles aus, was wir uns wünschen.»

«Ja, der Wunsch, der in Jedem von uns steckt.»

«Laura! Komm wieder hoch und setzt dich zu mir. Lass dich ansehen. Das Kleid steht dir, nicht wahr, Referend?»

«Sie ist eine richtige Dame.»

«Eigentlich ist Laura noch zu jung für dieses Kleid. Es ist schließlich ein sehr teures Kleid für eine elegante Dame. Möchtest du das Kleid gerne behalten und beim nächsten gesellschaftlichen Anlass tragen?»

«Oh ja, Madame. Das wäre schön.»

«Dann schenke ich es dir, weil du heute so brav warst. Sag mir, was hat dich heute beeindruckt?»

«Madame. Mary sah in ihrem Hochzeitskleid wunderbar aus. Und sie hat sich gefreut, dass ich mich bei ihr entschuldigt und zu der Hochzeit mit meinem Vater beglückwünscht habe.»

«Das war eine gute Tat, Laura.»

«Dann hat mich der Bischof einer Lady Wellington vorgestellt. Sie hat mir gesagt, dass sie auch hier in dieser Boarding School war.»

«Ja, das stimmt. Emily war bei uns und ist eine hoch angesehene Lady geworden.»

«Madame. Sie hat mich Lord Seymore vorgestellt, das fand ich toll.»

«Wie kam es dazu?»

«Madame Celine. Lassen Sie mich das erklären. Als ich Lady Wellington begegnet bin, hat sie mich sofort gefragt, welches hübsche Mädchen ich in meiner Begleitung habe und ich habe Laura als die Tochter von Lord Ashton vorgestellt und ihr gesagt, dass Laura jetzt auch in der Boarding School von Lord Westenbury ist. Lady Wellington war ganz begeistert von Laura und hat mich eingeladen, sie zu ihrem großen Debüt Sommerfest mitzubringen.»

«Ja, die Sommerfeste ihres Mannes sind berühmt. Das werden wir noch überlegen. Das wird davon abhängen, wie weit die Erziehung von Laura fortgeschritten ist.»

«Dann, Madame, hat sie Laura Lord Seymore vorgestellt. Er sei der attraktivste und begehrteste Junggeselle. Lady Wellington sagte mir, dass er aus Stuffort ist, große Ländereien und ein Gestüt besitzt. Er sogar die Military reitet.»

«Ich kenne ihn. Er hatte voriges Jahr um die Hand von Emily anhalten wollen. Da hatte sie aber schon dem Heiratsantrag von Lord Wellington zugestimmt. Seymore ist der Earl of Stufford und erhält bestimmt bald einen Sitz im Oberhaus. Ich weiß, er ist Militaryreiter und stellt gewisse hohe Ansprüche an eine Ehefrau. Er könnte Gefallen an Laura finden. Du fandest ihn nett, Laura?»

«Ja, Madame. Ein sehr gut aussehender Mann mit viel Stil. Er war sehr höflich und zuvorkommend zu mir.»

«Laura. Ich möchte, dass du an dem Beispiel von Emily siehst, dass du von uns nicht gezwungen wirst irgendeinen Mann zu heiraten. Wenn Männer, auch durch uns auf dich aufmerksam werden, dann werden sie vorsprechen wollen, um dir einen Antrag zu machen. Du kannst entscheiden, ob sie vorgelassen werden sollen. Bedenke aber, dass dein Vater wünscht, dass du in aller nächster Zeit heiratest.»

«Ja, Madame. Ich habe das verstanden.»

«Nun gut, dann hattest du ein wirklich beeindruckendes Erlebnis. Lieber Referend. Wir werden gemeinsam überlegen, ob wir beide mit Laura zu diesem Event hingehen können.»

«Was hast du noch erlebt, Laura?»

«Madame. Hatte Lord Westenbury das mit der Menagè à Trios ernst gemeint?»

«Haha, Laura. Das beschäftigt dich. Ich habe es dir erklärt, aber ich weiß nicht, ob es darauf hinausläuft. Zu vermuten ist es. Betty war nie deine Gouvernante. Sie war von Anfang an die Geliebte deines Vaters und teilte das Bett mit ihm.»

«Ja. Das habe ich ein paar Mal gesehen.»

«Dein Vater nannte sie nur so, um dem Ruf seines Hauses nicht zu schaden. Betty war von uns zur Geliebten ausgebildet worden und deshalb hat dein Vater sie angestellt. So wie ich ihn verstanden habe, will er auf Betty in seinem Haus nicht verzichten. Ich kann ihn gut verstehen. Wir bilden öfter Mädchen, die keine adlige Herkunft besitzen, zu Geliebten aus, wenn sie besonders schön sind. Dann werden sie offiziell Gouvernanten genannt. Von Betty weiß ich, dass es die Passion deines

Vaters ist, ihr öfter ein Spanking zu geben, um ihren Po zu zeichnen. Mir gegenüber hat dein Vater erwähnt, dass er Mary, wenn sie in seinem Haus ist, als Erstes beibringen wird, welche Disziplin er von ihr verlangt. Er wird also gerade zu dieser Stunde dabei sein, dem nackten Po seiner jungen Braut mit der Reitgerte ein paar wunderschöne rote Striemen zu verpassen. Dann wird er sie sicherlich in dieser Nacht bis in die frühen Morgenstunden mehrmals besamen, um ihr einen Sohn zu machen. So ist das üblich in Hochzeitsnächten.»

«Oh!»

«Hochzeitsnächte können sehr lange dauern. Lady Wellington hat mir unter der Hand gestanden, dass sie in dieser Nacht fünfmal von ihrem Gatten beglückt worden ist, das Frühstück im Bett stattfand und sie danach wieder genommen wurde.»

«Oh! Wirklich?»

«Ja, Laura. Hochzeitsnächte sind etwas, was man nie vergisst. Aber sag mir, du hast also deinen Vater beobachtet, wie er mit Betty im Bett lag?»

«Nein. Ich hatte ihre Schreie gehört, als er sie züchtigte und dann habe ich gesehen, wie er sie, hm ...!»

«... gefickt hat?»

«Ja, Madame.»

«Hat es dich erregt, das zu sehen?»

«Ja, Madame.»

«Brauchst dich nicht zu schämen. Das ist ganz natürlich. Es ist aufregend und zugleich erregend, so etwa zu sehen.»

«Madame Celine. Das sehe ich auch so.

Deshalb halte ich es für gut, wenn die Mädchen bei den Partys zusehen können, wie eine Mitschülerin geschult wird. Die Mädchen sollen mit dem Anblick des Liebesaktes die Kraft der Männlichkeit aufnehmen. Sie sollen die Erhabenheit des Aktes begreifen. Wenn sie sehen, wie der Phallus sich seinen Weg in das Innere eines Körpers bahnt, empfinden sie die wahre Dominanz, die von einem Mann ausgeht und vergeistigen es. Das, denke ich, ist die beste Erziehung.»

«Wissen Sie, lieber Bischof, ich würdige außerordentlich Ihren hilfreichen Beistand bei der Erziehung. Auch ich höre gerne bei Ihren Vorlesungen über das Liebesleben in der griechischen Antike zu. Aber genauso bin ich gerne bei der körperlichen Schulung meiner Mädchen dabei und sehe zu. Ich gestehe, die größte Genugtuung und Stolz als Erzieherin erfahre ich immer wieder, wenn ich zusehen und miterleben kann, wie meinen Mädchen beim Liebesakt die ersten Schreie der Wollust und Verzückung entlockt werden. Dieses Internat ist ein Hort der Lust. In diesem Hort herrscht Wollust und das heißt Ficken. Obszön ausgedrückt, aber wahr. In diesem Hort wird gefickt. Das wissen wir Erzieherinnen, das weiß jedes Mädchen – denn ausschließlich darum sind sie hier. Dieser Hort hier ist eine Schule der Wollust und die Wollust erfährt man durch Ficken.»

«Ich bin begeistert, Madame Celine! Sie berauschen mich! Ich schwöre Ihnen, ich habe nicht nur volles Verständnis für die Erziehung hier in diesem Internat, sondern ich bin Ihnen sehr dankbar für die Offenheit und die Klarheit Ihrer

Worte. Sie bewegen mich tief im Innern. Ein Hort der Wollust; ein Hort in dem gefickt wird. Dies ist ein bemerkenswerter Satz, Madame. Es ist ein kultivierter und nobler Satz, der das Schöpferische in sich birgt. Als Mann des Glaubens sehe ich es genauso. Hier huldigt man dem Allmächtigen, denn Ficken ist ein Akt der Schöpfung und der Allmächtige hat uns die Freude an der Wollust geschenkt.»

«Um die Mädchen auf dem Weg zu sinnlichen Frauen fürsorglich zu begleiten, benötigen sie allerdings eine strenge Führung durch regelmäßige Züchtigungen. Dies ist die pikante Süße der Erziehung.»

«Celine, die edle Madame! Sie sind eine Meisterin der Galanterie.»

«Auf die Hand und auf die Reitgerte kann aus rein erzieherischen Gründen nicht verzichtet werden. Sie kann konsequent eingesetzt, den rechten Weg zur Einsicht aufzeigen und innere Blockaden lösen.»

«Madame, kennen Sie eigentlich das Buch: *Thérèse Philosophe*?»

«Nein, Referend.»

«Es ist sehr pikant und wollüstig.»

«Ich liebe die Wollust.»

«Sie kichern! Madame. Das Buch *Thérèse Philosophe* ist sehr explizit, ausgesprochen apodiktisch. Es ist nur für Sie, zu Studienzwecke geeignet. Es ist vom Marquis d'Argens 1748 geschrieben worden und beschreibt sehr offen, wie ein Priester feststellt, dass junge Mädchen durch die Züchtigung schneller zu einem Orgasmus kommen und ihr Verlangen nach einem männlichen Glied dadurch gesteigert werden kann.»

«Oh. Das ist ein gewagtes Buch.»

«Ja. Es ist natürlich verboten. Aber ich habe ein Exemplar. Ich werde es am Mittwoch mitbringen und Ihnen geben. Es ist sehr lehrreich. Aber für den Französisch-Unterricht hätte ich was viel Besseres. Es heißt: *L'Académie des dames, - Die Gespräche der Aloisia Sigaea,* von Nicolas Chorier, einem Advokaten. Es sind drei Bände. Eine erfahrene Frau führt ihre Freundin, die demnächst heiratet, mit Worten und Taten in die Geheimnisse der Liebe ein. In den Gesprächen geht es ausschließlich ums Ficken: Um den Körper, die Wichtigkeit des Kitzlers zum Lustgewinn, das Glied des Mannes, seine Wollüste, die Liebeskünste und Stellungen, dass sich die Ehefrau als williges Werkzeug des Mannes zu fügen hat. Es ist fürwahr ein richtiges Aufklärungsbuch.»

«Ein solches Buch gibst es?»

«Es sind drei Bücher. Ich halte es für einen wichtigen Teil der Erziehung und würde es für den Französisch Unterricht wirklich empfehlen. Die Literatur symbolisiert die hohe Zivilisation der Gesellschaft und die jungen Mädchen müssen lernen, dass Literatur sich auch schon immer mit dem Ficken beschäftigt hat. Dadurch, dass in diesen drei Bänden so offen das Ficken und das Geficktwerden, lustbetont beschrieben wird, erkennen sie, was ihre Pflicht ist. Es ist nur eine der Lektionen, die sie zum gehorsamen Ficken erzieht und ihnen aufzeigt, was die Maxime dieses Instituts ist, sich bedingungslos hinzugeben ...»

«... und sich gehorsam ficken zu lassen.»

«Sie sagen es, Madame Celine. Ich würde mich sehr glücklich schätzen und es würde mich auch stark erregen, wenn ich hören würde, dass Sie Ihre Mädchen daraus vorlesen lassen. Es werden ganz sicher einige Wangen vor Scham erröten.»

«Lieber Bischof. Ich sehe, unser Gespräch hat Sie sehr lüstern gemacht. Ihre Hose hat eine deutliche Ausbeulung bekommen. Sie haben mich mit Ihren eleganten Formulierungen bei der Abfahrt von Lord Ashton auch sehr erregt. Sie haben mir so wunderbar durch die Blume zu verstehen gegeben, dass Sie Laura gerne ficken möchten.»

«Ja, Madame, und ich danke Ihnen, dass Sie so viel Verständnis für mich haben.»

«Ach, mein Bischof. Ich kenne Sie doch. Ich weiß, wie sehr Sie die zierlichen Popos meiner Mädchen lieben. Laura! Zieh dein Kleid aus!»

«Madame! Hier?»

«Ja. Hier und jetzt. Der Bischof will deiner Schönheit huldigen und dich schulen. Gib mir das Kleid! Und jetzt wein nicht! Du weißt, dass du gefickt wirst. Hör auf zu weinen, Laura! Ich verspreche dir, dass du heute Abend nicht gepeitscht wirst, weil du so lieb warst. Ich bin sicher, dass du dich gehorsam vom Bischof ficken lässt. Er züchtigt nicht gerne, er erzieht lieber mit Worten. Nicht wahr, Referend?»

«Madame. Sie haben vollkommen recht.»

«Referend. Darf ich Ihr Glied aus dem Gefängnis befreien?»

«Oh. Bitte. Madame.»

«Ist Laura nackt nicht eine Schönheit?»

«Sie ist eine Nymphe und eine Nymphe zu ficken ist göttlich.»

«Euer Glied ist hart und steif, lieber Bischof. Laura, hol dir ein Kissen und knie hier vor den Bischof zwischen seinen Beinen – und blase sein steifes Glied, wie du es jetzt langsam gelernt hast.»

«Oh. Madame, es ist herrlich.»

«Es ist faszinierend zuzusehen, wie der kleine Mund sich abmüht euer dickes Glied zu umfassen. Ich kann verstehen, dass es Ihnen unendliche Glücksgefühle bringen muss, wenn Sie mit Ihrem harten Glied in das enge Polöchlein von Laura eindringen.»

«Madame, es ist unbeschreiblich. Auch jetzt. Laura macht es wirklich gut.»

«Lieber Bischof. Erlauben Sie mir, dass ich Ihnen einen Vorschlag mache, während Laura's Köpfchen auf und ab geht.»

«Ja. Ohhh. Was denn?»

«Referend genießen Sie Lauras's Mund und ergießen Sie sich in ihn. Dies würde es Ihnen erlauben, nach einer stärkenden Pause bei einem Glas Wein und dem dann folgenden Eindringen in Lauras niedlichen Po, die Enge ihres hinteren Löchleins wesentlich länger genießen zu können.»

«Madame. Sie sind eine Meisterin der Galanterie.»

«Sie sind jetzt sehr erhitzt. Sie könnten sich beim zweiten Erstarken Ihrer Männlichkeit an Lauras herrlichen Po wesentlich ausdauernder und konzentrierter erfreuen. Ein viel intensiveres Erleben.»

«Ohhh, Madame. Sie machen mich verrückt. Sie sind so kultiviert und lebenserfahren.»

«Lassen Sie Ihrer Lüsternheit freien Lauf, Referend. Ergießen Sie sich in diesen schönen Mund. Denken Sie an den unbeschreiblichen Genuss, den Ihnen Laura beim zweiten Mal bieten wird. Wenn Sie mit Entzücken auskosten können, wie Sie ihr Glied langsam in das enge Löchlein zielstrebig einführen. Wenn Sie Laura kraftvoll und bedächtig ficken und dabei den Anblick ihrer Lenden genießen und ihren kleinen Lustschreien lauschen.»

«Madame. Ohhh. Was sagen Sie für Worte. Sie machen mich so lüstern.»

«Hier dürfen Sie lüstern sein. Hier dürfen Sie Ihre Lüsternheit offen zeigen.»

«Ohhh. Jaaahh. Ich komme.»

«Spritzen Sie ihr alles in den süßen Mund. Ja, so ist es schön.»

*

«Sehen Sie, lieber Bischof. Nachdem ich sie zugedeckt habe, ist sie auf der Couch sofort eingeschlafen.»

«Es war für Laura ein anstrengender Tag.»

«Ja, das denke ich auch.»

«Sie hat ein wunderschönes Gesicht.»

«Also nicht nur einen schönen Po, Referent?»

«Madame! Nein. Sehen Sie, wie sie schläft. Ein liebes Mädchen. Ein wirklich hübsches Gesicht.»

«Nun ja. Eigentlich ist sie schon eine junge Frau geworden.»

«Ja. Das kann man mit Fug und Recht sagen. Sie hat mich eben perfekt geblasen. So gehorsam.»

«Gehorsam ist sie geworden. Vor allen Dingen, seit dem sie ein paar Mal kommen durfte. Sie ist ein sehr lüsternes Mädchen.»

«Das ist doch eine gute Voraussetzung für eine Ehe, Madame.»

«Denken Sie dabei an Lord Seymore?»

«Ich glaube, sie mag ihn.»

«Um seinen Ansprüchen zu genügen, muss sie aber noch Einiges lernen. Sonst wird sie arg oft seine Peitsche spüren. Ich weiß, dass er sehr dominant ist und sogar sein Hauspersonal diszipliniert.»

«Das ist vielleicht üblicher als Sie denken, Madame. Ich schaue bei meiner Tätigkeit in einige hochherrschaftliche Haushalte und bekomme vieles mit. John Ashton gehört auch dazu. Sie können sicher davon ausgehen, dass seine Braut Mary in diesen Stunden das erste nachhaltige Spanking mit der Reitgerte erhält. Ich kenne ihn und er verbirgt es vor engen Freunden nicht. Na ja. Über Johns Freund Wellington wissen Sie es doch sicher von Emily. Sie hat es mir selbst gesagt, dass sie nicht nur meistens vorm Geschlechtsverkehr gespanked wird, sondern wöchentlich ein schmerzhaftes Reminding erhält.»

«Emily ist eine starke Frau. Ich denke sogar, dass sie ihren Mann trotz dieser, na ja, Belastungen, sehr gut im Griff hat. Sie hat nicht nur den Haushalt voll im Griff, sie hat ihren Mann auch dazu gebracht, fast wöchentlich Einladungen zu geben und wieder einen Debütantinnenball zu geben. Schon 1839 formulierte Laura Stickney Ellis, dass das gesellschaftliche Ideal der Ehefrau als ein hochmoralisches und geistig reines Wesen gesehen wird. Das einen heimlichen, aber bedeutsamen Einfluss auf ihren in einer *getrennten Sphäre* lebenden Gatten ausübt, weil es sich seinem lüsternen Verlangen gehorsam hinzugeben hat. Genau das versuche ich meinen Damen beizubringen. Welch ungeahnte Möglichkeiten sie in der Gestaltung ihres Lebens erhalten, wenn sie auch sehr belastende Praktiken und Disziplinierungen ihres Ehemanns erdulden, die allein der Befriedigung seiner Lüsternheit dienen.

Laura ist natürlich noch jung. Aber ich denke, sie ist schon mehr als reif, um von uns zu dieser Einstellung erzogen zu werden. Lord Ashton will sie verheiratet sehen und Laura ist wirklich sehr leicht erregbar und richtig lüstern. Sie braucht einen Ehemann. Wenn ich ihre Pussy berühre, wird sie sofort nass und erwartet sehnsüchtig, dass sie kommen darf. Westenbury hat mir bestätigt, dass sie in den letzten Tagen sehnsüchtig sein steifes Glied stimuliert und erwartet hat, dass er sie in die Pussy fickt. Das wird sie in einer Ehe zwar auch nicht jeden Tag bekommen. Aber ich glaube, dass sie langsam lernt, dass sie sich vollkommen mit ihrem Geist und ihren Körper einem Ehemann hingeben muss. Gerade von Seymore weiß ich, dass er einen zierlichen Po zur Voraussetzung macht, um sich daran zu erfreuen. Dies hat er mir in dem allerersten Gespräch zu verstehen gegeben.»

«Das hat er ihnen gesagt?»

«Er hat mir offen eingestanden, dass er es für seine Pflicht hält, einer zukünftigen Ehefrau mit regelmäßigen Spanking zu zeigen, wie sie sich in seinem hoch noblen Haus zu benehmen und ihm zu gehorchen hat. Er ist überzeugt, dass regelmäßiges Spanking eine prophylaktische Wirkung hat. Damit stimmt er mit unseren Empfehlungen überein, die wir zukünftigen Ehemännern geben. Außerdem hat er offen angedeutet, dass er die anale Penetration vor allen anderen Praktiken bevorzugt und eine Ehefrau dazu streng mit körperlicher Disziplinierung erziehen werde. Er wollte damals Emily, die zu ihm gepasst hätte. Aber Lord Wellington war schneller. Laura wäre genau die richtige Frau für ihn. Sie ist zwar sehr jung und noch nicht lange hier, aber Seymore möchte eine Ehefrau, die er nach seinen Wünschen formen kann. Laura könnte er für seine Vorlieben erziehen.»

«Dann muss Laura diesbezüglich mehr ausgebildet werden.»

«Ja, lieber Bischof. Deswegen bin ich Ihnen auch dankbar, dass Sie mitgekommen sind. Ich glaube, es ist ein Glücksfall, dass Lord Seymore sich für Laura interessiert. Ich werde ihn bei dem Treffen in London nächste Woche auf Laura heiß machen. Das kann ich. Ich werde ihm offen sagen, dass Lord Ashton sie zu uns gegeben hat, weil sie zu Hause mehrmals überrascht wurde, wie sie sich selbst befriedigte, dass sie überaus lüstern ist und ihre Lüsternheit nur dank konsequenter Disziplinierung gezähmt werden kann. Wenn ich ihm dann zu verstehen gebe, dass Laura bei uns ja erst seit kurzer Zeit ist und die Leidenschaft für ihren Körper nur langsam geweckt werden kann, dass es eines sehr strengen Ehemannes bedarf, der die eigentliche langwierige Erziehung beginnt, eines Mannes, der weiß, dass man Lust nicht nur durch Streicheln erreicht, sondern dass er Lust durch Schmerzen steigern kann, dann wird er so sehr erregt sein und das Verlangen haben, sie schnellst möglichst zu heiraten. Bis zu dem Sommerfest bei der Wellington sind es noch zwei Wochen. Dann kann er ihr einen Antrag machen und sie wird ihn annehmen. Das bringe ich ihr bei und ihr Vater, Lord Ashton wird hocherfreut sein, dass seine Tochter einen Earl heiratet. Dann wird sie noch zwei Wochen bis zur Hochzeit bei uns sein, in der Sie, lieber Bischof sie weiter vorbereiten und sich an ihr erfreuen können. Wir beide sollten morgen mit ihr in den blauen Salon gehen, um sie mit einem Good Spanking vorzubereiten.»

«Oh! Sie wollen sie auf das Blue Horse schnallen?»

«Hochwürden! Ein ausgedehntes Good Spanking auf dem Blue Horse erfordert das. Sie soll ja nicht bei unbedachten Bewegungen verletzt werden. Referend, sie sollten sich Zeit lassen und sie abwechselnd schulen und spanken. Wir wollen doch ihre Lust fördern. Ich weiß, dass Sie sehr zärtlich spanken. Das ist auch gut so. Ein oftmaliger heftiger Hieb zwischendurch lässt sie die Zusammengehörigkeit von Schmerz und Lust lernen.»

«Madame. Ihr Worte erregen mich wieder zusehend.»

«Ja, lieber Bischof. Deswegen bin ich Ihnen auch dankbar, dass Sie mitgekommen sind. Ich werde Laura gleich wecken und dann möchte ich Sie bitten, ihrer pädagogischen Pflicht nachzukommen. Ich sehe mit Freude, Hochwürden, ihr Glied steht wieder in voller Größe. Darf ich?»

«Madame, ich muss sagen, Sie sind eine sehr erfahrene Frau.»

«Nun ja. Ich hatte in Frankreich schon als Erzieherin gewisse Erfahrungen sammeln können. Werter Bischof, wir sollten vielleicht öfter solche vertrauensvollen Aussprachen halten.»

«Madame, ich würde es begrüßen. Ich stehe Ihnen immer zur Verfügung.»

«Ich denke, ich könnte Sie in diesen Gesprächen auf einige exquisite Praktiken hinweisen, mit denen Sie Laura schulen könnten.»

«Das klingt verlockend.»

«Bitte Hochwürden. Ich würde es begrüßen, wenn Sie ein vertrauensvolles Verhältnis zu Laura aufbauen könnten. Sie braucht eine männliche Bezugsperson. Westenbury ist nicht so sehr der Mensch, der sich um das Gemüt kümmert. Sie können besser mit ihr reden.»

«Madame. Sie können sich voll auf mich verlassen. Es wäre mir eine große Freude, wenn ich mich intensiver um Laura kümmern könnte.»

«Darum würde ich Sie bitten. Ficken Sie sie nicht nur jetzt, sondern auch morgen zweimal. Sie muss daran gewöhnt werden, auch wenn es schwer für sie ist. Sie wird für die Ehe vorbereitet und in der Ehe wird sie täglich gefickt. Es ist also ganz natürlich. Und Ihnen macht es doch bestimmt Freude, so wie ich Ihr steifes Glied in der Hand halte.»

«Madame. Ich kann es nicht verbergen. Ich will es auch nicht leugnen. Lauras Popo ist zuckersüß und ich hatte mir heute bei der Wedding Reception, wenn ich ihren Po betrachtet habe, oft vorgestellt, wie schön es ist, ihn zu ficken. Ein so junges Mädchen in den Po zu ficken, ist ein außergewöhnlicher Hochgenuss. Ich glaube, Sie verstehen mein Verlangen. Sie sind eine sehr verständige Frau.»

«Und ob, Hochwürden. Ich verstehe Sie nicht nur, sondern ich möchte Sie darin bestärken. Ich weiß, welchen Hochgenuss es einem Mann bereitet, wenn er sich in den zierlichen Po einer jungen Frau ergießen kann, auch wenn er sie vorher mit einen Spanking vorbereitet. Immer wieder ist es für mich ein erregendes Schauspiel, zu sehen, wie der Lustschmerz der Rute ihr die schönsten Momente des Glücksgefühls schenkt und beim Eindringen des Gliedes erleben lässt. Ich liebe die Delikatesse, wie ihr die Wollust geschenkt wird.»

«Wissen Sie, Madame. Als ich mich heute Nachmittag mit Laura intensiv unterhalten habe, hat sie mir eingestanden, dass es sie jetzt schon erregt, wenn sie vom Lord zur Schulung gerufen wird. Auch hat sie mir gesagt, dass sie von Ihnen, Madame, geschult worden ist und sie es als sehr schön und erfüllend empfand.»

«Das hat sie gesagt?»

«Ja. Madame. Sie war bei der Unterhaltung sichtlich ergriffen. Sie hat mir gebeichtet, dass ihr das Eindringen des Gliedes in ihren Anus noch Schmerzen bereitet. Ich habe ihr versprochen, das nächste Mal ihre Rosette mit sehr viel Öl vorzubereiten. Ich habe sie dann sogar dazu gebracht, mich zu bitten, sie zu schulen.»

«Sie hat sie gebeten, sie zu ficken?»

«Ja, Madame. Mein Glied ist richtig steif geworden. Das hat sie aber nicht bemerkt. Allein die Worte von ihr zu hören, dass sie mich bittet, sie zu ficken, waren eine Delikatesse. Sie ist ein ganz liebes Mädchen geworden.»

«Ja, das stimmt. Referend, ich möchte, dass Sie Ihre Erziehungsaufgabe hier im Haus mit Freude wahrnehmen und Gefallen daran finden. Sie sollen die Lust verspüren, öfter hierher zu kommen, um Laura zu schulen. Genießen Sie die Delikatesse, die Laura Ihnen bieten kann. Kommen Sie doch, außer an dem Mittwoch, einen zusätzlichen Tag zu uns. Einen Tag, an dem Sie sich nur Laura widmen können.»

«Sie machen mir ein sehr pikantes Geschenk.»

«Ein unanständiges Geschenk. Ich mag unanständige Sachen, lieber Bischof. Sie könnten mir auch ein Geschenk machen.»

«Bitte, Madame. Sagen Sie es mir. Ich würde es mit Freude machen.»

«Wenn Sie gleich hinter Laura knien, dürfte ich ihr erigiertes Glied in die Hand nehmen und es durch das süße Tor führen? Es würde mich sehr befriedigen.»

«Ach, liebste Madame. Ich danke Ihnen, dass Sie mir ihr tiefstes Verlangen offenbaren. Natürlich dürfen Sie mein Glied in die süße Rose führen. Es macht mich glücklich, dass ich Ihrem Verlangen entgegenkommen kann.»

«Ich danke Ihnen, werter Bischof, dass Sie für meine pikanten Gefühle soviel Verständnis aufbringen.»

«Mit großen Vergnügen, Madame. Es ist zu köstlich, sich mit Ihnen auf solch hohen Niveau über unanständige Gedanken austauschen zu können. Ich weiß gar nicht, wie ich Ihnen danken kann.»

«Doch. Ich weiß es. Sie sollten jetzt zur eigentlichen Schulung schreiten.»

«Ja. Ich glaube, das habe ich mir schon den ganzen Tag gewünscht und spüre das pochende Verlangen in meinem Glied.»

*

«Laura! Hast du schön geschlafen. Komm setz dich zwischen den Bischof und mir und trink ein Glas Wein.»

«Zum Wohle, Laura.»

«Zum Wohle, Madame.»

«Laura. Siehst du, wie steif das Glied des Bischofs ist? Du musst jetzt geschult werden. Sei artig. Steh auf und leg dich über seine Knie. Er wird deinen Po mit ein paar Klapsen vorbereiten. So ist es brav. Hochwürden, schlagen Sie ein paar Mal mit der Hand zu und röten Sie diesen schönen Popo. Es wird ihn lockern.»

«Aua, Aua, Auaaah!»

«Fühlen Sie zwischendurch ein paar Mal prüfend, ob Laura feucht wird.»

«Aua, Aua!»

«Ja, Madame. Laura wird nass.»

«Bitte, Hochwürden. Schlagen Sie ein paar Mal kräftiger. Laura braucht das, um euer Glied zu empfangen.»

«Auuuaaah! Auuuaaah!»

«Spanken Sie sie richtig. Sie soll den Schmerz der Schläge mit dem Schmerz beim Eindringen des Gliedes vereinen. Spanken Sie den schönen Popo. Ich liebe es zu sehen, wenn dieser schöne Po gespanked wird. Laura, so wird dich ein Ehemann vorbereiten, wenn er dich in den Po ficken will.»

«Auaaaaah! Auaaaaaah!»

«Gut. Laura! Komm bitte auf das Bett und knie dich, damit der Bischof dich ficken kann. Mach deine Beine ganz breit. Ich werde dein enges Löchlein kräftig einölen. Das wird das Eindringen ganz leicht machen. Laura, wenn du dich jetzt und morgen brav vom Bischof ficken lässt, dann gehen wir zum Debütantinnenball. Versprichst du mir das?»

«Ja, Madame. Ich verspreche es.»

«So ist es gut. Hochwürden, Laura ist vorbereitet. Ich habe ihr Löchlein tief eingeölt und gedehnt.»

«Laura, dein Popo sieht himmlisch aus und wird mir eine große Freude bereiten.»

«Laura! Halt jetzt still! Ich werde den Freudenstab des Bischofes vorsichtig einführen.»

«Ahhhhhhhhhhhhhhhh!»

«So ist es schön, Laura. Jetzt steckt der Bischof tief in dir und du wirst gefickt. Mein liebes Kind, halte still. Spürst du sein langes Glied in deinem

Po? Lass dich vom Bischof ficken. So ist es gut! Ich werde dich dabei streicheln und dich glücklich machen. Jetzt erlebst du die Liebe vollkommen neu. Du wirst einen wunderschönen Orgasmus bekommen.»

Lord Ashton's Hochzeitsnacht

«Betty, öffnen Sie die Türe. Ich möchte meine Braut über die Schwelle in das Zimmer ihrer Hingabe tragen. Mary, komm zu mir!»

«Uihh! Sir!»

«Du bist ein Leichtgewicht, Mary. Es ist wunderschön, dich in meinen Armen zu tragen. So, jetzt überschreite ich die Schwelle. Das ist das Zimmer deiner zukünftigen Hingabe. Schau dich um. Gefällt es dir?»

«Oh ja, Sir. Oh, Sie drehen sich so schnell. Mir wird ja schwindelig. Wie kraftvoll Sie mich halten. Richtig jugendlich.»

«Mary, du erweckst wieder die unbändige Jugend in mir. Aber jetzt stelle ich dich wieder auf. Du sollst sehen, was für ein schönes Schlafgemach du bekommst. Sieh, das überbreite Bett. Es ist aus Frankreich. Ich habe es erst letzte Woche erworben. Es ist sozusagen jungfräulich.»

«Es ist sehr schön, Sir. Dieser riesige Spiegel an der Rückwand, der von roten Samtvorhängen eingerahmt ist, sehr beeindruckend.»

«Das war der größte Spiegel, den ich bekommen konnte. Er wird uns erfreuen, wenn wir uns beim Liebesspiel zusehen können. Ich sehe, du schmunzelst, Mary. Dies ist ein Raum der Liebe und Lust.»

«Ja, Sir. Das finde ich sehr aufregend. Das gefällt mir wirklich.»

«Gut. Du siehst den Kachelofen hinten in der Ecke. Er wird unser Schlafgemach immer warm halten. Ich habe ihn auch jetzt anheizen lassen. Daneben steht ein Glasschrank für Gläser und diverse Flaschen für uns und auf der anderen Seite eine Sitzgruppe. Das breite Doppelfenster zeigt auf den Park bis hinunter zur Themse. Durch die Glastüre kannst du Morgen auf die Terrasse hinaustreten und die Aussicht genießen. Jetzt ist ja leider schon dunkel.»

«Die hohen mehrarmigen Kerzenständer sind schön und geben ein angenehmes Licht.»

«Sie sind gusseisern, von einem Kunstschmied. Auch die kleinen Kerzenhalter auf den Nachttischen und an der Wand sind von ihm. Die Türe rechts führt in dein Zimmer. Es ist genauso groß, mit Schränken für deine Kleider, ein einzelnes Bett, wenn du dich mal ausruhen möchtest, eine Sitzecke mit Sofa und Sesseln, ein Sekretär für dich und ein Schminktisch mit einem kleineren Spiegel und Kerzenhaltern recht und links, damit du dich immer für mich schön machen kannst. Das kannst du dir alles Morgen anschauen. Wie auch das ganze Haus. Betty wird dich herumführen.»

«Danke, Sir. Es ist traumhaft hier.»

«Das freut mich. Die Türe links führt zu meinem Arbeitszimmer und meiner Bibliothek, die du gerne nutzen kannst. Ich besitze sehr viele Bücher, Reiseberichte, Bücher über Kunst, medizinische Bücher, Romane, Liebesromane auch sehr erotische Romane.»

«Es ist wundervoll, Sir. Sie machen mich sehr glücklich.»

«Das war eine ganz kleine Einführung. Du wirst Zeit haben, dich in diesem Haus einzuleben. Mary, komm mit mir zum Sofa. Ich habe hier ein Hochzeitsgeschenk deiner Mutter, Mary. Eine Flasche eures MacFarlane Single Malt, den 12-jährigen. Ich möchte einen Toast auf meine Braut aussprechen und mit euch anstoßen. Ist das nicht ein alter schottischer Brauch?»

«Ich glaube schon, Sir. Davon gehört habe ich.»

«Well. Ich erhebe das Glas auf die bezaubernde Mary MacFarlane, die heute meine schönste Lady Ashton geworden ist, die schottisches Blut in meine Familie bringen wird. Das wollen wir mit einem Scotch besiegeln. Ich wünsche meiner Lady Ashton, dass sie hier glücklich wird und meine ehrliche Liebe erkennt. Sie wird von mir umsorgt und beschützt werden und möge ihre Schönheit diesem Haus neuen Glanz geben. Zum Wohle.»

«Oh, danke Mylord. Ihr seid so großzügig. Ich werde euch eine liebende Frau sein. Zum Wohl.»

«Sir! Lady Ashton! Ich wünsche Ihnen beiden auch alles Gute zur Vermählung.»

«Mary. Komm näher. Lass dich küssen.»

«Ohhh!»

«Das war ein heftiger ausdauernder Kuss, wie er sich zwischen Eheleuten gehört.»

«Ja, Sir. Ein schöner Kuss.»

«Du lächelst. Das macht dich noch schöner. Mary. Du bist jetzt meine Lady Ashton.»

«Sir. Ich habe vor dem Altar geschworen, Sie zu lieben und Ihnen gehorsam zu folgen. Es ist mein Wille Ihnen zu folgen. Ich möchte, dass Sie wissen, dass ich sehr gehorsam sein werde.»

«Mary. Das erfreut mich, dies aus deinem

Mund jetzt hier zu hören. Ja, ich werde eine gewisse Disziplin von einer Lady Ashton verlangen. Als die Lady eines Lords hast du Verpflichtungen, insbesondere in der Gesellschaft, in der wir uns bewegen. Dazu werde ich dir in den nächsten Tagen Erläuterungen geben. Aber bei allem, was ich von dir verlange, sollst du wissen, dass ich glücklich bin, dich gefunden zu haben. Das ich dich immer lieben werde.»

«Danke Sir. Das ist sehr lieb, was Sie sagen.»

«Du bist die Frau, die ich mir gewünscht habe.»

«Betty! Nehmen Sie sich einen der Sessel. Holen Sie ihn heran, ich möchte mich mit meiner Braut aufs Sofa setzen. Mary, dein Brautkleid ist unbeschreiblich. Du warst den ganzen Tag der Mittelpunkt der hochnoblen Gesellschaft.»

«Sir. Es ist wundervoll. Auf dem Weg zum Altar schwebte ich wie auf Wolken. Es passte auch auf Anhieb heute Morgen. Die Schneiderin brauchte nur kleine Korrekturen zu machen.»

«Ich hatte deine Maße von Madame Celine bekommen und Betty hat das Kleid in London bei der Schneiderin in Auftrag gegeben. Mary, ich habe vor der Trauung erst erfahren, dass du Weihbischof Elsworth kennst und ihm schon öfter bei Lord Westenbury begegnet bist.»

«Ja, Sir. Ich wusste nicht, dass er die Trauung vollzieht. Es überraschte mich – aber ich habe mir nichts anmerken lassen.»

«Das habe ich honoriert. Das war sehr rücksichtsvoll. Wir beide werden uns in den nächsten Tagen über ihn aussprechen.»

«Ja, Sir. Wie Sie es verlangen.»

«Mary. Ich weiß, dass du von Lord Westenbury und Bischof Elsworth in der Boarding School geschult worden bist. Schau mich an und nicht zu Boden.»

«Ja, Sir.»

«Du brauchst dich dafür nicht zu schämen. Auch das zu wissen, hat dich sehr begehrenswert für mich gemacht.»

«Danke, Sir.»

«Als meine Ehefrau und Lady Ashton wirst du hier in diesem Haus oft adlige Gäste empfangen müssen und im Mittelpunkt der hohen Gesellschaft stehen. Dazu werde ich von dir ein entsprechendes Benehmen verlangen und dir Regeln dazu geben. Ich verspreche dir, dass ich dir ein guter Ehemann sein werde und dich lieben und nicht überfordern werde. Du kannst mir deine Liebe beweisen, indem du dich für meine spürbare Liebe immer gehorsam bedanken wirst.»

«Danke, Sir. Ich werde für die Liebe, die Sie mir zeigen immer dankbar sein.»

«Mary. Heute Abend werde ich dir vorweg ein paar Aufgaben erklären, welche du hier in diesem Hause zu erledigen hast und welchen Gehorsam ich verlange.»

«Sir. Ich werde sehr gehorsam sein. Das verspreche ich.»

«Mary. Du fragst dich wahrscheinlich, warum Betty Lengers hier im Schlafzimmer bei uns sitzt. Betty ist seit einem Jahr in diesem Haus. Ihre Aufgabe war es, als Gouvernante auf meine Tochter

Laura aufzupassen und sie nahm auch verschiedene Aufgaben zur Führung dieses Hauses wahr. Seit heute ist sie offiziell die Gesellschafterin des Hauses Ashton, unsere Gesellschaftsdame. Sie erhält die Leitung über das Personal, um uns beide zu entlasten. Sie ist mir und auch dir unterstellt. Du kannst ihr Order geben. Aber, wie du auch Änderungen hier in diesem Haus vornehmen möchtest und darfst, so wirst du es in der ersten Zeit in Absprache mit ihr machen.»

«Ich verstehe Sie, Sir.»

«Betty wird dich gegebenenfalls darauf hinweisen, wenn mir etwas nicht gefallen würde. Darauf wirst du Rücksicht nehmen.»

«Selbstverständlich, Sir.»

«Betty soll dir helfen und du wirst die Hilfe annehmen. Eine Regel hier in diesem Haus ist, dass du sie, wenn keine Gäste im Haus sind, mit ihrem Vornamen Betty ansprechen darfst, sie dich mit Mary, aber sonst immer mit Lady Ashton oder Mylady anreden wird. Wenn wir Gäste haben, redest du sie mit Misses Lenders an. Mich wirst du übrigens immer mit Sir anreden. Das ist insbesondere wichtig, da wir sehr oft hoch gestellte Gäste zum Abendessen oder zu gesellschaftlichen Anlässen haben werden. Ist soweit klar?»

«Ja, Sir.»

«Mary, du wirst dich vollkommen neu dem Niveau des Hauses Ashton entsprechend einkleiden müssen. Du wirst mit Betty in den nächsten Tagen mit der Kutsche nach London fahren. Der Kutscher und der Footman werden euch hinfahren. Betty kennt die besten Geschäfte für elegante Damenmode. Dort werdet ihr die entsprechenden Kleider kaufen oder anfertigen lassen. Betty weiß auch, wo es die sündhaften Dessous gibt, die ich wünsche. Korsagen, Seidenstrümpfe und zarte Negligees. Du erkennst, dass Betty mehr als nur Gesellschafterin ist. Sie kennt mich sehr genau und weiß, was ich wünsche. Höre auf sie.»

«Das werde ich, Sir. Danke.»

«Ich will jetzt ganz offen zu dir sein, Betty ist zugleich meine Geliebte und wird es auch bleiben. Sie hat mir bisher treu gedient und sich bereit erklärt, mir auch weiterhin zu dienen. Ich sehe deinen erstaunten Gesichtsausdruck. So ist es und so will ich es. Du sollst wissen, dass Betty vor deiner Zeit auch bei Lord Westenbury war und dort, weil sie von einfacher Herkunft ist, zu einer Geliebten ausgebildet worden ist. Ihr habt also eine ähnliche Erziehung durchlaufen und braucht deswegen keine Geheimnisse vor euch zu haben. Auch wenn ich mich in den nächsten Wochen in erster Linie dir widmen werde, dich diese Nacht und die kommenden Nächte ficken werde, so wird auch Betty irgendwann von mir gefickt. Ich sage dir das so deutlich, damit du das verinnerlichst. Ihr beide werdet hier in Harmonie zusammenleben. Das ist mir sehr wichtig. Es wird keinerlei Eifersuchtsszenen zwischen euch geben. Auch keine Streiterei. Ich werde euch hart mit der Peitsche bestrafen, wenn ich so etwas erlebe oder zu hören bekommen. Hast du das verstanden, Mary?»

«Ja, Sir!»

«Sehr gut. In diesem Haus herrscht Disziplin, die ich fordere. Damit du lernst, welche Disziplin ich wünsche, wirst du jetzt ein Spanking erhalten. Betty reich mir das Geschenk, das auf dem Schrank liegt!»

«Bitte, Sir!»

«Mary, das ist ein Hochzeitsgeschenk von mir. Pack es aus.»

«Ohhhh! Es ist eine Peitsche.»

«Es ist eine walisische Springgerte. Aus walisischem Ziegenleder geflochten, sehr weich und sie ist nur für dich bestimmt. Für deinen Po. Ich werde dich nicht verletzen, dafür ist mir die Schönheit deines Pos zu wertvoll. Aber die Hiebe werden spürbar sein. Jetzt zieh dein Hochzeitskleid aus. Betty, helfen Sie ihr.»

«Sir?»

«Zieh dich bitte aus!»

«Sir?»

«Ich habe gesagt, ausziehen.»

«Sir, es ist das Hochzeitskleid.»

«Nun ja. Es ist ein wunderschönes Hochzeitskleid, nicht wahr?»

«Ja. Sir. Es ist ein Traum. Danke, für dieses Kleid. Muss ich es wirklich vor Misses Lenders ausziehen?»

«Du willst doch gehorsam sein?»

«Verzeihung, Sir.»

«So, lege es dort über den Stuhl und setzt dich zu mir. Die weiße Korsage kannst du anbehalten. Den weißen Schlüpfer wirst du ausziehen.»

«Sir?»

«Gib ihn mir. Danke. Von nun an wirst du in

diesem Haus nie mehr einen Schlüpfer tragen. Hast du das verstanden? Du wirst in meinem Haus tun, was ich von dir verlange. In der Boarding School hast du doch gelernt, was Gehorsam ist.»

«Ja. Sir.»

«Schau mich an. Ich liebe dich. Du bist eine Schönheit. Ein Juwel, das ich beschützen werde.»

«Danke, Sir.»

«Setz dich zu mir. Deine Brüste sind sehr schön und fest. Es macht Spaß sie mit der ganzen Hand zu kneten.»

«Oh. Oh.»

«Deine Nippel stehen recht gut.»

«Sir. Es tut weh, wenn Sie daran ziehen.»

«Ja. Das freut mich, dass man sie so schön zwischen zwei Fingern packen und drehen kann.»

«Oh! Ahh!»

«Gut. Öffne deine Beine. Ich möchte deine Blume sehen.»

«Oh, Sir.»

«Sie fühlt sich schön an. Sie ist wunderbar rasiert.»

«Danke, Sir.»

«Du wirst sie hier jede Woche rasieren. Betty wird dir dabei helfen. Verstanden. Ich wünsche immer eine vollkommen weiche rasierte Blume.»

«Oh, Sir. Was machen Sie mit mir?»

«Lass mich fühlen. Du hast einen wunderschönen Kitzler.»

«Oh. Sir. Danke. Sir.»

«Na. Mag meine Gattin das?»

«Oh, oh. Ja. Sir.»

«Na, und er wird schon vom leichten Streicheln feucht. Es ist gut, wenn der Kitzler der Ehefrau schnell feucht wird.»

«Ah. Sir, Ahh.»

«Du magst es, wenn man kräftig deinen Kitzler reibt. Antworte.»

«Sir. Ja. Ich mag es.»

«Mary! Ich hatte deiner Mutter aufgetragen, dir einen bestimmten Satz zu sagen. Hat sie das getan?»

«Ja. Sir.»

«Schau mich an! Was hat sie dir gesagt?»

«Sir. Dass es meine Pflicht als eure Ehefrau ist, euren Samen so oft wie möglich zu empfangen.»

«Wir sind heute vom Bischof getraut worden, also ist es ab jetzt deine Pflicht, nicht nur meinen Samen so oft wie möglich zu empfangen, sondern auch deine Aufgabe, mich für diese notwendige Handlung vorzubereiten und mein Verlangen sichtbar zu steigern.»

«Ja, Sir. Ich habe verstanden.»

«So, jetzt zeige ich dir, mit was ich dich nun zum ersten Mal besamen will. Mach meine Hose auf.»

«Oh. Sir. Er ist so groß. So riesig.»

«Nimm ihn in die Hand und fühl, wie hart er ist.»

«Oh, Sir.»

«Du hast das doch gelernt, oder?»

«Ja. Sir.»

«Dann reibe mein Glied jetzt. Ja, so ist es gut. Das hast du gelernt.»

«Sir. Ist es gut ...? Ist es richtig, wie ich es mache?»

«Wichs mein Glied kräftig, dann wird er noch länger und dicker. Wenn du es mal richtig kannst, dann wird er 7 Inch lang und mehr als 3 Inch dick.»

«Oh. Sir. Er ist riesig.»

«Mary, ich verlange deinen Gehorsam. Über die Regeln, die du zu befolgen hast und deine weitere Erziehung werden wir uns in den nächsten Tage noch ausführlich unterhalten. Damit du diese Regeln verinnerlichst und befolgst, wirst du von mir mit regelmäßigen Spanking an deine Aufgaben erinnert werden. In diesem Hause verlange ich von jedem, auch von dir, einen absoluten und widerspruchsfreien Gehorsam. Disziplin steht hier bei mir an erster Stelle. Aber zuerst muss ich dir zeigen, welche Art von Disziplin in diesem Hause herrscht. Ich möchte, dass du das jetzt kennenlernst und werde dich körperlich disziplinieren. Du bekommst mit der Gerte sechs rücksichtsvolle Hiebe. Wenn du nicht gehorchst, werden es zwei Dutzend. Du bist wunderschön, wenn du nackt bist. Komm über meine Knie. So ist es gut.»

«Aua!»

«Ein paar leichte Schläge, Mary!»

«Aua, Aua, Aua.»

«Das wärmt auf und lässt später kaum Spuren von der Gerte zurück.»

«Aua, Aua, Aua, Aua.»

«So sind die Backen schon leicht gerötet. Mit dem Spanking zeige ich dir meine Liebe.»

«Aua, Aua.»

«Mary, knie dich jetzt vor das Bett. Oberkörper

auf das Bett, Arme weit ausgestreckt nach vorne. Sehr gehorsam. Du wirst jetzt sechs Peitschenhieb bekommen und laut mitzählen.»

«Auuuaaaaa! Eins. Danke.»

«Oh. Ich höre schon einen Dank. Das nenne ich gut erzogen. Mary, das erfreut mich.»

«Auuuaaaaah! Zwei. Danke, Sir.»

«Mary, warum peitsche ich dich? Ich will, dass du erkennst, wie wichtig mir das Verhältnis zwischen dir und Betty ist. Es ist für mich von äußerster Wichtigkeit, dass ihr euch gut versteht. Spürst du, wie wichtig es für mich ist?»

«Ja, Sir. Ich spüre die Wichtigkeit. Ich werde ein gutes Verhältnis zu Betty haben.»

«Auuuuahhh! Drei. Danke, Sir.»

«Tun die Hiebe weh?»

«Sir. Ja, sie tun sehr weh.»

«Sie sollen sehr weh tun. Damit werde ich dich erziehen, die Harmonie hier im Haus zu achten.»

«Auuuuaah! Vier. Ohh. Danke. Oh. Au, Sir.»

«Ja, der Hieb war heftig. Es folgen noch zwei. Nicht wahr? Antworte!»

«Ja, Sir. Ohh. Bitte noch zwei Hiebe.»

«Auuuuuuuuaaaaaaaa!»

«Der hat weh getan, nicht wahr? Du solltest mitzählen!»

«Sir, Sir. Ich ..., so weh. Verzeihung. Fünf. Danke, Sir.»

«Mach deine Beine breiter. Ich möchte deine Pussy sehen. Nach dem sechsten werde ich dich ficken, mein Weib. Ich spüre, wie mein Schwanz steht. Betty, ziehen Sie mir meine Hose aus. Mary, nimm deine Hände vom Po und leg sie wieder nach vorne!»

«Sir! Lady Ashton weint. Ich sehe Tränen.»

«Betty, halten Sie Marys Arme fest. Sie erhält jetzt den sechsten Hieb.»

«Ja, Sir.»

«Auuuuuahhhhhhhhh!»

«Bleib so, Mary! Was soll das? Du sollst gehorchen! Du wirst jetzt gefickt. Ich will dir ein Kind machen.»

«Sir! Sir! Bitte. Lassen Sie mich vor Ihnen knien. Ich möchte Ihnen meinen Dank für die Peitschenhiebe zeigen.»

«Betty, sehen Sie nur. Sie küsst meinen Schwanz und nimmt ihn in den Mund. Sie bläst ihn ganz heftig. Das ist eine Danksagung, die ich honoriere. Das ist erstaunlich. Sie ist ja eine ganz liebe Ehefrau. Richtig gut erzogen. Sag, Mary, hast du das bei Westenbury gelernt?»

«Ja, Sir. Ich möchte, dass Sie meinen tiefen Dank für die Züchtigung sehen. Ich danke Ihnen, Sir.»

«Unglaublich. Sie bläst meinen Schwanz schon wieder. Mary, das ist ganz lieb und sehr brav. Deine Danksagung mit dem Mund ist sehr gehorsam. Aber ich will dich jetzt ficken. Dreh dich herum. Darauf warte ich schon den ganzen Tag. Vor dem Altar war mein Schwanz so steif, dass er die Hose zu sprengen drohte. Auch beim Hochzeitstanz hast du wohl bemerkt, dass ich einen harten Schwanz in der Hose hatte. So. Jetzt bekommst du ihn.»

«Ohhh. Sir. Danke.»

«Sehr schön. Lass deine Pussy fühlen.

Wunderbar. Schon richtig feucht. Freust du dich darauf, gefickt zu werden?»

«Sir, Mylord. Mein Mann. Bitte ficken Sie Ihre Lady Ashton. Bitte. Ich gehöre Ihnen.»

«Das ist sehr lieb. Ich werde dich sehr ausdauernd ficken, mein liebes Eheweib und anders als bei deiner Ausbildung, werde ich dich nach einem genussreichen Fick kräftig besamen. Leg dich aufs Bett. Öffne deine Beine weit und empfange mein hartes Glied. Ich werde dich jetzt mit meinem Samen belohnen, dass du dich so lieb für die Peitschenhiebe bedankt hast.»

«Oh. Sir. Sie sind so groß.»

«Ja, und du hast eine wunderbare enge Cunny. Ein Fötzchen, das mir Freude macht. Jetzt sei bereit. Jetzt bekommst du meine Männlichkeit zu spüren!»

«Oh, Oh. Sir. Ihr seid furchtbar dick.»

«Ja, und je mehr ich dich ficke, desto dicker wird er. So ist es eine Freude.»

«Oh. Sir. Oh. Oh.»

«So ist es schön, nicht wahr? Spürst du meinen dicken Riemen, wie er tief in dich stößt?»

«Sir. Er ist wirklich gewaltig.»

«Sag mir, was mache ich mit dir?»

«Sir. Sir. Sie ficken mich.»

«Ja. Du wirst gefickt, wie ich es liebe. So wird die Lady Ashton von mir gefickt. Und das ist der erste Fick an ihrem Hochzeitstag. Und in der Hochzeitsnacht werde ich die Lady noch öfter besteigen und ihr auch einen Orgasmus schenken. Aber jetzt gehört die schöne Lady nur meiner Lust. Eine Lady mit einer süßen Pussy. Meine Pussy.

Eine Pussy, die nur zum Ficken bestimmt ist. Sag mir, Mary, dass du meine Pussy bist!»

«Sir. Ich bin Ihre Pussy.»

«Jetzt wirst du gefickt, wie es sich in der Hochzeitsnacht gehört. Herrlich. Sie ist so eng. Ach, ist das schön. Ich bin so lüstern. Eine wunderschöne Braut, die ich ficken kann. Eine Pussy, nur für mich. Ich will ihr alles hineinspritzen. Ahhh! Jetzt mach ich dir ein Kind. Ohhh! Jaaaa! Herrlich.»

*

«Mary, komm her und setzt dich zu mir.»

«Danke, Sir, dass Sie mir Ihren Samen gegeben haben.»

«Betty, reichen Sie mir ein Taschentuch. Ich will Marys Tränen trocknen. Haben die Hiebe sehr weh getan?»

«Sir! Es waren sehr schmerzhafte Hiebe. Wirklich schmerzhaft. Sie brannten furchtbar.»

«Ja, das musste sein. Ich wollte dir sehr weh tun, damit du ab jetzt ein gutes Verhältnis zu Betty bekommst und nie eifersüchtig werden wirst.»

«Das verspreche ich, Sir. Ich werde keine Eifersucht kennen, auch wenn Sie Betty ficken. Sie haben mich schmerzhaft spüren lassen, dass ich das zu akzeptieren habe. Das werde ich auch, Sir. Ich gelobe das und ich werde gehorchen. Ich danke Ihnen, dass Sie mir die Augen geöffnet haben. Die Hiebe waren fürchterlich.»

«Härter als bei euch in der Boarding School?»

«Sir. Unsagbar härter. Solche Hiebe gab es nur bei schweren Bestrafungen.»

«Gut, Mary. Dann erkennst du, dass eine richtige Bestrafung durch mich wesentlich schlimmer wird. Dann bekommst du nämlich mindestens zwei Dutzend Hiebe und wirst festgebunden.»

«Sir. Das wird nicht nötig sein. Ich verspreche es und habe gelernt, wie sie schlagen können. Ich danke Ihnen dafür.»

«Sag, Mary. Wurdest du dazu erzogen, dich immer so brav zu bedanken?»

«Ja, Sir. Lord Westenbury verlangte es immer nach einem Spanking und oft spritzte er seine Samen in den Mund und wir wurden dazu erzogen, ihn zu schlucken.»

«Du warst auch bei Party's im Drawing Room dabei.»

«Ja, Sir.»

«War die Madame immer dabei?»

«Ja. Sir. Sie machte die Arrangements.»

«Hatte sie keine Befürchtung, dass eine von euch schwanger wird?»

«Sir. Bei den Party's sind wir von den Freunden von Lord Westenbury immer ...!»

«Na. Was? Sag es!»

«Wir sind immer in den Po geschult worden.»

«So, so. Wohl immer im blauen Salon. Nie in die Pussy?»

«Das war allein Lord Westenbury vorbehalten. Er bevorzugte anschließend den anderen Weg für seine Befriedigung.»

«Eine sehr sinnvolle Erziehung. Das beeindruckt mich jetzt. Ja, Mary, jetzt weißt du, wie ich diszipliniere. Spanking besteht hier in diesem Haus nicht nur aus leichten Schlägen mit der Hand, sondern wenn nötig, auch aus schmerzhaften Hieben mit einer Reitpeitsche. Deiner Reitpeitsche. Die von jetzt ab über unserem Bett neben dem Spiegel hängen wird, damit du immer dran erinnert wirst.»

«Danke, Sir.»

«So, jetzt ist alles wieder gut. Du hast dich ganz brav peitschen und ficken lassen. Das war ein Genuss für mich. Komm, zeig mir dein Gesicht. Ich trockne dir die Tränen. Musst nicht mehr weinen. Ich hab dich lieb. Umarme mich. So ist gut. Du hast dich so brav mit deinen Tränen für die Peitschenhiebe bedankt, als du meinen Schwanz geblasen hast. Das war ganz, ganz lieb von dir. Wirklich eine Freude. Du wirst nicht mehr gepeitscht. Möchtest du ein Glas Wasser?»

«Danke, Sir. Ja.»

«Betty, bringen Sie ein Glas Wasser für meine Braut und mir machen Sie einen Scotch.»

«Bitte schön, Sir. Ein Scotch. Zum Wohl.»

«Danke, Betty. Ziehen Sie sich bitte aus!»

«Sir?»

«Ja, Betty. Lady Ashton sitzt hier vollkommen nackt neben mir, ich habe nur den Hausmantel an und der ist offen, damit ihr mein Glied seht. Daher ist es nur gerecht, wenn Sie auch nackt sind. Mary, hilf Betty.»

«Ja. Sir.»

«Meine zwei nackten Mädels. Dreht euch zu mir. Las euch anschauen. So gefällt mir das.

Wunderschöne Brüste und niedliche Pussys. Küsst euch!»

«Sir? Bitte?»

«Betty! Ich habe gesagt, küsst euch. Gebt euch einen richtig langen Kuss und umarmt euch. Kommt näher zu mir. Ich will eure Pussys fühlen. Oh. Mary du bist noch ganz erregt, nicht wahr? Dein Kitzler ist geschwollen. Du bist lüstern.»

«Ja, Sir. Meine Pussy ist ganz nass.»

«Betty, Sie sind auch schon feucht. Ist das schön? Haben Sie gerne zugesehen, wie ich meine Braut gefickt habe?»

«Ja. Sir. Ohh. Es war schön, das zu sehen.»

«Jetzt legt euch aufs Bett. Ganz nah zusammen und küsst euch nochmals. Ich will sehen, dass ihr euch vertragt. So, und jetzt streichelt euch gegenseitig eure Pussy. Mary! Ich verlange das! Los jetzt. Ihr streichelt euch beide zum Orgasmus. Zeigt mir euren Orgasmus. Ihr hört nicht auf, bis ihr kommt. Sonst komm ich mit der Peitsche. Ich möchte eure Lustschreie hören. So ist das schön, zuzuschauen. So kann man einen Scotch genießen. Ein Augenschmaus. Ihr beide seid sehr schön.»

*

«Setzt euch zu mir, ihr Beiden. Schön, zu sehen, wie ihr gekommen seid. Mary, du bist schnell gekommen.»

«Ja, Sir. Es war sehr erregend.»

«Der Orgasmus für euch war ein Geschenk.

Was sagt man da? Betty?»

«Danke Sir. Lady Ashton hat mich wunderbar gestreichelt.»

«Mary?»

«Vielen Dank, dass ich einen Orgasmus erleben durfte. Betty hat mich sehr lieb gestreichelt. Danke, Betty.»

«So will ich, dass ihr euch versteht. Wenn ihr brav seid, dürft ihr euch auch mal gegenseitig die Pussys lecken. Aber nur, wenn ihr brav seid.»

«Danke, Sir.»

«Betty!»

«Ja, Sir?»

«Hol die Single Tail!»

«Jetzt?»

«Ja. Jetzt. Sei gehorsam.»

«Ja, Sir.»

«Mary. Heute Nachmittag habe ich Betty angeboten, dass sie hier bleiben und unsere Gesellschaftsdame werden kann, unter der Bedingung, dass sie mir absoluten Gehorsam entgegenbringt. Auch habe ich von ihr verlangt, dass sie keinerlei Eifersucht zeigt, wenn du von mir gefickt wirst und sich nie mit dir streiten wird. Betty war überglücklich, dass sie hier bleiben darf und hat allem zugestimmt. Um mir zu zeigen, wie dankbar sie mir dafür ist, hat sie mich gebeten, sie zu züchtigen. Sie möchte, dass auch du siehst, wie dankbar und gehorsam sie ist. Nicht wahr, Betty? Das wollen wir Mary zeigen.»

«Ja, Sir.»

«Um ihre echte Dankbarkeit zeigen zu können, hat sie mich gebeten, sie mit der Single Tail zu peitschen. Das war doch deine Bitte, Betty? Oder?»

«Sir. Das war meine Bitte.»

«Ich versteh dich nicht. Sprich lauter!»

«Ja, Sir. Das war meine Bitte.»

«Deine Bitte werde ich dir jetzt erfüllen. Du erhältst ein Dutzend Hiebe.»

«Ein Dutzend? Sir?»

«Ein ganzes Dutzend. Damit kannst du meiner Frau und mir deinen Dank zeigen. Die Single Tail ist das zuverlässigste Erziehungsinstrument, um Harmonie im Haus zu erzeugen. Stell dich vor das Bett. Beuge dich weit vor und stütze dich mit den Händen aufs Bett. Reck deinen nackten Po ganz hoch und mach die Beine weit auseinander. So ist es brav.»

«Auuuaaah, Auuuaaah.»

«Die Single Tail zieht richtig durch, nicht wahr?»

«Ja, Sir.»

«Auuuaaah, Auuuaaah. Oh, Sir. Es tut so weh.»

«Das war deine Bitte. Sie wird erfüllt.»

«Auuuaaah, Auuuaaah. Ohhh, je.»

«Das war jetzt das halbe Dutzend. Lass mich mal dein Fötzchen fühlen. Ja, das ist richtig nass. Mach die Beine auseinander. Ich will deinen Kitzler prüfen. Ist das schön?»

«Ja, Sir.»

«Was möchtest du meiner Frau sagen?»

«Mary, ich möchte Ihnen zeigen, dass ich dankbar bin.»

«Na, die nächsten sechs Hiebe werden deinen Dank wohl etwas ausführlicher machen.»

«Sir. Es tut fürchterlich weh. Sie schlagen ungemein hart. Das ist sehr hart.»

«Ja, meine liebe Betty. Die nächsten sechs werden schärfer. Meinen Schwanz erfüllt es mit Freude. Er regt sich schon wieder.»

«Auuuaaah, Auuuaaah. Oh je. Oh je.»

«Schrei ruhig laut. Ich will deine Lustschreie hören.»

«Auuuuuuaaaaaah. Uhhh.»

«Der saß gut, nicht wahr? Das war ein Meister Hieb. Die letzten drei bilden schöne rosa Striemen. Man erkennt, dass sie heftig waren und brennen.»

«Auuuuuuaaaaaah. Uhhhh. Ohhhhh.»

«Das war Nummer zehn. Der war auch präzise. So wird deine Bitte erfüllt. Betty. So zeigst du mir und meiner Frau deine Dankbarkeit, hier dienen zu dürfen.»

«Auuuuuuaaaaaah. Uhhhh. Ohhhhh. Arrrr.»

«Mary komm zu mir. Betty erhält den letzten scharfen Hieb. Siehst du, wie mein Schwanz steht. Ich will dich gleich ficken. Knie dich vors Bett. Zeig mir deinen Hintern. Ich bin so lüstern auf dein enges Löchlein hinten.»

«Sir. Betty weint ganz heftig. Sie krümmt sich vor Schmerzen. Bitte, Sir. Sie hat ihre Dankbarkeit doch gezeigt.»

«Betty. Hast du das gehört? Du hast eine Fürsprecherin. Mary bittet für dich um Gnade. Ist das nicht lieb? Gut, ich will gnädig sein. Ich erlasse dir den zwölften Hieb. Dreh dich herum. Auf die Knie.»

«Sir, Sir! Darf ich Ihre Hand küssen. Die Hand, die mich so schmerzhaft gepeitscht hat. Bitte. Als

Zeichen des Dankes.»

«Gut, hier küsse sie. Ordentlich. Zeige meiner Frau, wie dankbar du für die Peitsche bist.»

«Betty ist sehr lieb. Schön, wie sie ihre Hand küsst, Sir. Allerliebst. Es zeigt, dass sie wirklich dankbar ist, hier dienen zu dürfen.»

«Das verlange ich auch von ihr. Die Züchtigung hat meine Männlichkeit wunderbar steif werden lassen. Mary, strecke mir deinen Po entgegen. Ich werde dich jetzt erst in den Po ficken, danach werde ich dich besamen. Dein enges Löchlein sieht bezaubernd aus. Mach die Beine ganz breit. So ist es gut. Ich werde etwas Feuchte von deiner Muschi hinten hineinschmieren. Dann kann mein Schwanz leichter eindringen. Halt jetzt still.»

«Ohh, Sir. Sie sind so groß. Ohh, Sir. Sie sind so dick.»

«Tut es weh?»

«Ja, Sir. Ohh, Sir.»

«Halt still. Der Schmerz geht gleich vorbei. Jetzt bin ich tief in dir. Gefällt es dir, meinen Schwanz in deinem Po stecken zu haben?»

«Ohh, Sir. Ja. Ohh.»

«Jetzt wirst du gefickt. Ach. Ist das ein Genuss. So eine enge Rosette. Wunderbar, dich so zu ficken. Das werden wir oft wiederholen. Ach, tut das gut, einen so wunderhübschen zierlichen Po zu ficken. Das ist mein Po. Sag mir, Mary, dass dein Po mir gehört!»

«Ja. Sir. Ohh. Sir. Mein Po gehört Ihnen.»

«Das ist Genuss pur. So könnte ich dich stundenlang ficken. Aber ich will dir meinen Samen geben. Dreh dich herum, spreize deine Beine weit auseinander. Empfange meinen steifen Schwanz. Wunderbar, dich zu ficken und gleich meinen Samen tief in dich zu spritzen. Ich merke, wie die Ladung kommt. Hier, nimm meinen Samen. Nimm meine Kraft. Arrrhh. Arrrhh.»

*

«Meine kleine Mary. Das war wundervoll. Du warst wieder sehr brav. Du bist ganz erschöpft, nicht wahr?»

«Ja. Sir. Danke, dass Sie mir Ihren Samen gegeben haben.»

«Das ist sehr brav, meine Liebe. Möchtest du dich etwas ausruhen?»

«Ja, bitte, Sir.»

«Das sollst du, mein kleines Mädchen. Bleib liegen. Die Nacht ist noch lang.»

«Betty, kommen Sie zu mir ans Bett. Zeigen Sie meiner Braut Ihren Po. Mary! Siehst du die roten Striemen auf ihren Po. Damit will Betty auch dir zeigen, wie dankbar sie ist. Ist das so? Betty?»

«Ja, Sir. Mylady Sie sollen sehen, dass ich dankbar bin, auch Ihnen als Gesellschaftsdame dienen zu dürfen.»

«Betty, dafür danke ich Ihnen. Es tut mir leid, dass Sie dafür so viele Schmerzen erdulden mussten. Die Züchtigung war wirklich hart. Man sieht es an den Striemen. Ich bin sicher, dass Sie meinen Mann mit diesem Zeichen des Dankes zufrieden stellen konnten. Mich hat Ihre Bereitschaft dazu tief beeindruckt. Ich verspreche Ihnen, dass wir gute Freundinnen werden.»

«Betty. Bedanke dich bei meiner Frau und küsse ihre Hand. Mary hat dir den zwölften brennenden Hieb erspart.»

«Mary, ich danke Ihnen, dass Sie mir diesen Hieb erspart haben.»

«Ich habe es gerne für Sie getan, Betty. Dass Sie meine Hand küssen, ist sehr lieb.»

«Betty, jetzt sag ihr deinen Dank! Aber ausführlich!»

«Ja, Sir! Mary, sie sind wirklich lieb. Sie sind meine Lady Ashton. Sie sollen sehen, wie dankbar ich bin, hier bleiben zu dürfen. Ich hoffe mit den Striemen auf meinem Po, kann ich meinen aufrichtigen Dank beweisen, wie sehr ich bereit bin, auch Ihnen als Gesellschaftsdame zu dienen. Es macht mich sehr glücklich hier in diesem Hause für Sie und ihren Mann sorgen zu dürfen. Mit meinem Dankeschön möchte ich Ihnen auch eine Freude machen. Es bedeutet mir sehr viel, Ihre Freundin zu werden. Ich möchte Ihnen helfen, sich schnell hier einzuleben und dass wir beide Ihrem Mann ein angenehmes zuhause bieten können. Ich freue mich jedenfalls auf eine neue Phase meines Lebens, die jetzt gerade beginnt. Lady Ashton, ich hoffe, weiterhin an Ihrer und Ihres Mannes Seite, dienen zu dürfen.»

«Das ist ganz lieb, Betty. Mit Ihrer Hingabe zu schmerzhaften Hieben haben Sie mir Ihren ehrlichen Dank bewiesen. Mit dem, was Sie gerade gesagt haben, haben Sie mein Vertrauen gewonnen und ich hoffe, dass wir enge Freundinnen werden.»

«Lady Ashton, danke für das Vertrauen. Ich werde Sie nicht enttäuschen.»

«Betty, das war großartig. Sehr lieb. Ich bin stolz auf Sie. Haben die Hiebe doch etwas bewirkt. So soll es sein. Sie werden sich sicherlich auch gerne als meine Geliebte ein wöchentliches Spanking wünschen, dass sie an Ihre Aufgaben erinnert. Einverstanden, Betty?»

«Ja, Sir.»

«Wie heißt das!»

«Sir. Ich bitte Sie um ein wöchentliches Spanking, das mich an meine Aufgaben erinnert.»

«Mary. Du solltest die Dienste von Betty dankbar annehmen, aber dabei nicht überheblich werden. Sonst erhältst du die gleichen roten Striemen auf deinen Po.»

«Sir. Ich werde nicht überheblich sein.»

«Ruhe dich jetzt aus, meine Liebe.»

*

«Betty, holen Sie eine Flasche Wein und zwei Gläser. Wir werden es uns auf dem Sofa gemütlich machen.»

«Sir. Den französischen?»

«Ja. Zeigen Sie her. Ja, das ist eine gute Flasche. Das ist ein Bordeaux, Jahrgang 1883. Hervorragend. Passend für eine Nacht, wie diese. Eine Nacht des Genusses. Hier nehmen Sie Ihr Glas, Betty. Zum Wohle.»

«Zum Wohle, Sir.»

«Mein kleines Mädchen schläft wohl? Sie ist sicher erschöpft von diesem Tag, dem Spanking und dem Fick.»

«Sir. Sie werden sich noch viele Nächte an Ihrem berauschenden kleinen Mädchen erfreuen können. Ihre junge Frau macht auch Sie mindestens zehn Jahre jünger.»

«Sie schmeicheln mir, Betty. Ja, sie ist wirklich zu einem braven Mädchen in der Boarding School erzogen worden. Wie sie sich für die Hiebe bedankt hat, einfach süß. Sich sofort niederkniet und mit dem verweinten Gesicht meinen Schwanz bläst und zu mir aufblickt. Herrlich, die Tränen in ihren Augen und meinen dicken Schwanz im Mund. Ich hätte es gerne länger genossen, wenn ich nicht so lüstern gewesen wäre, sie zu ficken. Na ja, nach dem nächsten Spanking darf sie mir ihren Dank länger und intensiver zeigen. Dann darf sie auch dankbar meinen Samen schlucken. Wenn ich daran denke, dass meine Tochter jetzt die gleiche Erziehung erhält.»

«Sir, das wird Ihre Tochter sehr attraktiv machen. Ich habe heute Nachmittag gesehen, dass Lady Wellington, Laura Lord Haydon Seymore, dem Earl of Stufford vorgestellt hat und der danach schnellen Schrittes zu Madame Celine geeilt ist.«

«Sollte sich da etwas ergeben? Haydon wäre der richtige Mann für Laura. Er ist von hohem Stande, das würde mir gefallen und er wäre auch in der Lage, meiner Laura die Faxen mit der Peitsche auszutreiben. Er könnte sie zähmen und zu einer treu dienenden Ehefrau erziehen. Er wäre der ideale Ehemann für Laura. Ich besitze ein Stück

Land, das an seines grenzt. Das könnte ich Laura als Mitgift mitgeben. Ich werde morgen einen Brief an Madame Celine schreiben und sie fragen, ob das in Betracht kommen könnte. Betty, Sie haben mir einen wunderbaren Hinweis gegeben, als Sie mir von der Boarding School berichteten. Ich habe die schöne Mary und Laura wird bald versorgt sein. Danke.»

«Sir. Das habe ich doch gerne getan.»

«Wie geht es Ihnen? Was macht ihr Po?»

«Ich habe mir ein weiches Kissen genommen. Sir! So haben Sie mich die letzten Monate nicht gepeitscht. Es tut immer noch furchtbar weh.»

«Betty! Es wäre falsch, Ihnen jetzt zu sagen, ich möchte Ihnen nicht weh tun. Ich wollte Ihnen weh tun. Richtig weh. Sie sollen erkennen, wie wichtig es mir ist, dass Sie gehorchen und mit Mary in Freundschaft zu leben. Und vor allen Dingen nie eifersüchtig werden, wenn ich Mary meine aufrichtige Liebe zeige und sie von mir gefickt wird.»

«Sie sollen Ihre Frau lieben, Sir. Das erkenne ich uneingeschränkt an. Dass ich das zu tun habe, haben sie mir eindrucksvoll aufgezeigt.»

«Nicht nur gezeigt. Ich habe es sie hoffentlich nachdrücklich spüren lassen. Und ich sag Ihnen jetzt etwas ganz ernsthaft. Behalten Sie die schmerzhaften Hiebe in guter Erinnerung. Sollte es wirklich nicht zwischen Ihnen und meiner Frau harmonieren, dann werde ich sie auspeitschen, dass Ihnen Hören und Sehen vergeht. Sie werden dann nicht mehr sitzen können. Ist das verstanden.»

«Ja, Sir.»

«Obwohl Sie so heftig geweint haben, haben sie sich wirklich brav bedankt. Das hat mich richtig steif werden lassen und lüstern auf mein Weib gemacht.»

«Sir. Verzeihung, dass ich weinen musste. Aber sie haben mir ungeheuer weh getan.»

«Ich wollte Ihre Tränen. Sie sollten mir mit Ihren Tränen zeigen, wie dankbar Sie sind, hier bei mir bleiben zu dürfen.»

«Ja. Sir. Ich bin Ihnen sehr dankbar und würde gerne nochmals Ihre Hand küssen.»

«Bitte. Küssen Sie meine Hand. Das ist sehr brav, Betty. Das mag ich. Jetzt müssen Sie keine Tränen mehr vergießen. Sie haben mir bewiesen, dass Sie meiner Frau Respekt zollen werden. Jetzt ist alles gut und Sie sind meine liebe Betty. Die Hand, die Ihnen eben mit der Peitsche sehr schmerzhafte Hiebe geben musste, wollte damit ein ganz besonderes Zeichen der Hochachtung ausdrücken. Bei den nächsten wöchentlichen Spankings werden Sie mir brav Ihren nackten Po anbieten und mich bitten, dass Sie meine Hochachtung spüren möchten. Damit möchte ich Ihnen weiterhin die Gelegenheit geben, mir Ihren Dank zu zeigen und dabei körperlich zu erfahren, wie sehr ich Ihre Dienste würdige.»

«Danke, Sir. Danke für die Hochachtung. Sie machen mich sehr glücklich, wenn ich bei einem harten Spanking spüre, wie sehr Sie meine Dienste würdigen. Ich bin Ihnen sehr verbunden. Sie kennen mich und meine Natur. Sie wissen, wie sehr es mir Erfüllung gibt.»

«Ja, das sehe ich jedes Mal, wie schnell Sie erregt und feucht werden und unter meiner schlagenden Hand kommen können. Wenn Sie ein braves Mädchen bleiben, werde ich Ihnen weiterhin die Erfüllung schenken und die Erlaubnis geben, zu kommen.»

«Danke, Sir. Ich werde sehr brav sein. Ihrer Frau werde ich all meine Aufmerksamkeit widmen, damit sie sich hier wohlfühlt.»

«Betty. Meine Frau muss ihre ehelichen Pflichten erfüllen. Bedingt durch mein stürmisches Verlangen, wird sie dabei nur selten die notwendige eigene Erfüllung erleben. Deshalb werden wir solche Nächte zu dritt sehr oft haben, um uns unsere Lust zu geben und zu genießen. Ich werde auch Sie, liebe Betty, vielleicht schon Morgen, im Beisein meiner Frau ficken, um ihr zu zeigen, wie ernst ich es mit der Harmonie zwischen euch meine. Sie muss sehen, dass Sie von mir gefickt werden. Sie wird dabei ihren Mund und ihre Brüste küssen. Dazu werde ich sie zwingen.»

«Sir. Mein Po wird ihr hartes Glied mit Freude empfangen.»

«Betty. Sie müssen Geduld haben. Sie werden noch oft genug von mir gefickt werden. Ich werde Sie auch mit meinem Schwanz in Ihrer Pussy ficken und Ihnen dabei einen Orgasmus schenken. Alles zu seiner Zeit.»

«Sir, ich verspreche, ich werde geduldig sein und dankbar auf Ihre Hinwendung warten.»

«Auch meine Frau wird ein regelmäßiges leichtes Spanking erhalten, um ihre Bereitschaft, mir mit ihrem Körper zu dienen, aufrecht zu halten. Und ich freue mich darauf, sie mit der Zeit dazu zu erziehen, dass auch sie unter einer kräftig schlagenden Hand ihre Erfüllung findet.»

«Ja, Sir. Diese Erziehung sollten Sie Ihrer Frau schenken. Ich weiß, wie sehr sie das lieben. Sie sollten früh mit einer strengen Erziehung beginnen.»

«Sie haben sehr viel Verständnis für mein Verlangen. Ja, jetzt ist eine junge Frau noch formbar. Sie haben Recht, Betty. Mit dieser Erziehung sollte ich Morgen beginnen, um mögliche Fehlentwicklungen zu verhindern. Sie wird täglich ein Spanking erhalten, um sich hier einzugewöhnen.»

«Sir, Sie werden damit schnell erreichen, dass sie sich entsprechend Ihren Wünschen hingeben wird.»

«Betty, Sie kennen mich. Sie wissen, wie sehr ich die Peitsche liebe. Es ist richtig. Bevor sie schwanger wird, sollte sie ein paar Mal ein belastendes Spanking erhalten.»

«Sir! Sie können mir alle Ihre tiefen Wünsche offenbaren und versichert sein, dass ich nicht nur dafür Verständnis habe und eine große Sympathie Ihnen gegenüber empfinde, sondern Sie tatkräftig unterstützen möchte. Sei Ihr Verlangen noch so unanständig und für Ihre Frau belastend. Ich weiß doch, wie erfahren Sie sind und wie Sie mit der Peitsche die Lust einer Frau fördern können.»

«Betty! Was sagen Sie da? Unanständig? Was für ein Wort. Ich muss Ihnen eine scharfe Rüge erteilen. Das ist nichts Unanständiges, was ich meiner Frau abverlange.»

«Verzeihung Sir. Das ist mir so raus gerutscht.»

«Das ist äußerst ungezogen von Ihnen. Dieses Wort werden Sie nie mehr verwenden. Wir sind ein Haus mit hoher Kultur, im Gegensatz zum gemeinen Volk. Um das aufrecht zu halten, bedarf es einer besonders strengen Disziplin und die wird hier mit Anstand ausgeführt. Dass Sie so etwas denken, zwingt mich, Sie zu bestrafen.»

«Sir! Ich wollte Sie nicht kränken. Bitte verzeihen Sie mir und bestrafen Sie mich dafür. Es ist Ihr Recht, streng zu disziplinieren.»

«Im Vereinigten Königreich ist es das Recht des Herrn des Hauses, mit körperlichen Bestrafungen die Disziplin aufrecht zu erhalten. Dieses Recht schließt die Verwendung von Erziehungsinstrumenten zur Korrektur von Fehlverhalten ein. Die Disziplin gilt auch für alle Liebesdienste, die ein Mann verlangen kann und die in der Natur der Dinge zwischen Mann und Frau liegen. Dass Korrekturmaßnahmen belastend sind, ist notwendig. Nur dann hat eine körperliche Disziplinierung bleibenden erzieherischen Wert.»

«Sir. So war das nicht gemeint. Ich meinte ungewöhnliche Liebesdienste.»

«Auch das ist falsch. Wenn, dann sind sie exquisiter Natur, dem Niveau meines Standes und dieses Hauses geschuldet. Mein Verlangen ist nicht ungewöhnlich, sondern mein natürliches Recht. Ich glaube, Ihre Denkweise bedarf einer gewissen Korrektur. Wenn Sie die nicht ändern wollen, müssen Sie dieses Haus verlassen.»

«Sir, bitte nicht. Ich werde mich ändern.»

«Ich bin ernsthaft böse, Betty. Sie werden

mich morgen bitten, die Korrektur auszuführen. Brennende Striemen werden Sie daran erinnern, solche ungezogenen Worte nicht mehr zu verwenden.»

«Sir. Bitte, seien Sie gnädig. Das war von mir furchtbar unüberlegt, was ich gesagt habe. Ich wollte Ihnen damit eigentlich sagen, auch wenn Ihre Frau eine gewisse Schulung in der Boarding School erhalten hat, so ist dies doch nicht mit einer notwendigen strengeren Erziehung in einer Ehe zu vergleichen. Die Erziehung in der Boarding School war immer sehr rücksichtsvoll. Auch ich habe bei meiner Erziehung zu einer Geliebten von Madame Celine immer nur ein leichtes Spanking erhalten. Erst Sie haben mich unter Ihrer scharfen Peitsche gelehrt, was wahre Lust ist und wie hingebungsvoll eine Geliebte ihren Herrn dienen kann. Madame Celine handhabt die Erziehung auch bewusst gemäßigt, um es den zukünftigen Ehemännern zu ermöglichen, die Erziehung mit einer konsequenteren Disziplinierung fortzusetzen. Eine Erziehung mit belastender Züchtigung, wie es in einer Ehe notwendig ist. Ich denke, Madame Celine wird auch Ihnen das empfohlen haben, wie sie es allen Heiratskandidaten empfiehlt.»

«Ja, das stimmt. Das hat sie.»

«Ihre junge Frau kommt von diesem Internat und weiß nicht, was ihre wirklichen ehelichen Pflichten sind, um einen dominanten Mann, wie Sie es sind, befriedigen zu können. Sie sollten Ihre Frau in der kommenden Woche zwei oder dreimal scharf disziplinieren, wie Sie es mit mir am Anfang gemacht haben. Das hat mich sehr schnell gelehrt, wie ich auf Ihre Wünsche eingehen kann. Eine Ehe ist kein Kinderhort und kein Internat. In einer Ehe muss eine Frau lernen, wie sie ihrem Gatten höchste Befriedigung schenken kann. Auch bei exquisiten Liebesdiensten, selbst wenn dabei Tränen fließen. Ich weiß, wie sehr sie die Tränen bei einer Züchtigung lieben. Vertrauen Sie mir.»

«Ich vertraue Ihnen, Betty, und bin froh, mit Ihnen eine solch verständnisvolle Frau an meiner Seite zu haben. Das weiß ich an Ihnen zu schätzen. Deshalb werde ich gnädig sein und Ihnen bei der Bestrafung für Ihre ungebührliche Wortwahl nur sechs Hiebe geben, bevor ich mich an Ihren Po im Beisein meiner Frau erfreuen werde.»

«Danke Sir. Darf ich Ihre gnädige Hand küssen?»

«Ja, Betty. Morgen Abend werden Sie dieses Bett mit den vier langen Riemen ausstatten und das dicke runde Polster in der Mitte auflegen. Legen Sie auch die Reitgerte schon griffbereit daneben, damit meine Frau erkennt, was geschehen wird, wenn ich sie hereinführe. Wahrscheinlich gibt es da schon die ersten Tränen, die ich so sehr liebe. Sie wird nur ein Dutzend bekommen. Das reicht für die erste strenge Lektion und mit ihren Tränen kann sie mir ihre wahre Liebe zeigen. Sie werden dabei sein, Betty und meiner Frau mit tröstenden Worten helfen.»

«Sir, ich danke Ihnen. Ich weiß, wie sehr es Sie befriedigen wird. Sie können sich ganz auf mich verlassen.»

«Sie werden hier ein sehr angenehmes Leben haben, Betty. Schöner, als jede unterbezahlte

Stellung einer Gouvernante. Wir haben genügend Personal, das unter Ihrer Leitung die einfachen Arbeiten machen kann. Sie werden mit meiner Frau einkaufen gehen und ich wünsche, dass Sie ihr die schönsten Kleider und die erotischsten Dessous kaufen. Auch für sich dürfen sie einkaufen. Ich möchte zwei der schönsten Frauen um mich haben. Küssen Sie nicht mehr meine Hand. Ich werde Sie heute nicht peitschen. Küssen Sie meinen Schwanz. Zeigen Sie mir Ihren Dank.»

«Mit Freude, Sir. Bitte, darf ich Ihnen mit meinem Mund dienen, wenn Sie morgen Ihre Frau mit der Peitsche zu Tränen rühren?»

«Betty! Das ist eine schöne Bitte. Sie wissen um meine Lust. Morgen erlaube ich Ihnen das. Oh ja. Oh ja. Zeigen Sie mir Ihren Dank. Oh ja, sehr gut. So dürfen Sie mir Morgen bei der Züchtigung meiner Frau Ihre Dankbarkeit beweisen. Bringen Sie mich jetzt zu meiner gewünschten Stärke. Ich will meine junge Braut diese Nacht noch oft besteigen. In ihren hinreißenden zierlichen Po einzudringen ist ein zu exquisites Vergnügen. Das ist eine Hochzeitsnacht, wie ich sie mir gewünscht habe.»

***

Die hohe Schule der Lust

Amelie und Hendrik Blomberg

In der Zeit des Rokkoko wird die junge Anna von ihrer Familie an ein Grafenehepaar übergeben, die sie in ihrem schlossähnlichen Gestüt zu einer Luststute erziehen. Sie wird in die Welt der hohen Schule der Erotik eingeführt. Sie erlebt Dinge, von denen sie nicht wusste, dass es sie gibt. Sie lernt viel, u. A. die französische Sprache, die sie für ihren weiteren Lebensweg noch brauchen wird. Eine lustvolle abenteuerliche Geschichte, die sie fesseln wird.

Ein Buch, das nicht nur in der Epoche des Rokoko spielt, sondern auch in Wortwahl und Erzähltempo Bücher aus der Zeit imitiert und die Erotik in der damaligen höfisch absolutistischen Gesellschaft beschreibt.

Wer diese Zeit und die Thematik mag, wird seine Freude daran haben.

ISBN E-PUB: 978-3-86332-161-1, 9,99 €
ISBN Buch: 978-3-86332-052-2, 15,90 €

Das geheime Ritual

Amelie und Hendrik Blomberg

Stanley Kubriks mystischer Film Eyes Wide Shut ließ zum ersten Mal den Zuschauer ein geheimes sexual magisches Ritual einer verborgenen Gesellschaft miterleben.

Das Hieros Gamos-Ritual, das in Eco's Faucoltsches Pendel nur angedeutet und bei Dan Brown's Sakrileg (Da Vinci Code) lediglich schamhaft kurz als geheime Orgie erwähnt wird, wird dem Leser in diesem Roman Stück für Stück vor Augen geführt. Die teils sehr expliziten, aber nicht minder erotischen Szenen fürs Kopfkino, lassen den Leser langsam und geradezu real in diese unbekannte Welt eintauchen.

Die beiden Protagonisten in diesem Buch, markante und eigenwillige Heldinnen, sind authentisch dargestellt und abgesehen von der tadellosen Recherche über jahrhundertealte Rituale und Lehren geheimnisvoller Logen und Bruderschaften, hat die Story alles, was ein kurzweiliger Erotikroman braucht.

ISBN E-PUB: 978-3-86332-165-9, € 9,99
ISBN Buch: 978-3939475-84-2, € 15,50

Fortschrittliche Domestic Discipline

Dominanz und Submission in der Ehe zum beiderseitigen Lustgewinn

Ein Handbuch für Ehepaare

Dr. Vanessa Smith

Doctor of Philosophy in Psychology, PhD
Institute for Psychology of Relationships, NewYork

Übersetzung aus dem Englischen:
Progression of Domestic Discipline
Hendrik Blomberg

Ich möchte mich kurz vorstellen. Mein Name ist Vanessa Smith, promovierte Psychologin, Doctor of Philosophy in Psychology, PhD und arbeite seit Jahren mit Kollegen als Dozentin an einem *'Institute for Psychology of Relationships'*, speziell für Paare, die sich einvernehmlich der Domestic Discipline angeschlossen haben und sie praktizieren.

Die Co-Autorin zu diesem Buch ist Referend Carol Whitaker, Pastorin der East Coast Methodist Church, einer freien reformierten Kirche, die die Domestic Discipline zur Festigung des Glaubens und der Harmonie in der Ehe befürwortet. Domestic Disziplin ist eine Lehre, die von zigtausenden amerikanischen Ehepaaren zur Festigung der Partnerschaft praktiziert wird. Eines der grundlegenden Merkmale einer Domestic Discipline Ehe ist, dass der Ehemann für die Festlegung von Regeln und Richtlinien in der Ehe zuständig ist - und Korrekturen vornimmt, wenn diese Regeln gebrochen werden.

Um es vorweg zu verdeutlichen. Dieses Buch ist nicht für Paare geschrieben, die in einer eher losen D/S, Dominanz/Submission Partnerschaft leben, sondern wendet sich ausschließlich an Ehepaare, die mit dem Ja-Wort bei ihrer Trauung oder bei einer Collarring Ceremony ihr grundsätzliches Einvernehmen zu einer Domestic Discipline Ehe abgegeben haben, in der die Ehefrau die Autorität des Mannes auch zu disziplinarischen Strafen akzeptiert.

Dieses Buch gibt Hilfestellung zu verschiedenen Fragen, die im Alltag oder beim intimen Zusammensein in der Ehe aufkommen. DD erzeugt eine strukturierte, geordnete und gefestigte Umgebung zu Hause und in der Beziehung. Es verbessert und stabilisiert die Beziehung, es definiert Rollen in jedem Partner, und es beendet jeglichen *Machtkampf,* der in einer Beziehung entstehen kann.

E-PUB: 978-3-86332-171-0, 9,99€
Buch: 978-3-86332-056-0, 16,50€

Ein mörderischer Plan

Commander Hemmings ermittelt

Ein London Krimi

Amelie und Hendrik Blomberg

London 1935. Durch das Verbot des privaten Goldbesitzes in den USA steigt London zum Zentrum des weltweiten Goldhandels auf und lockt mit sagenumwobenen Profiten. Ein toter und ein vermisster Banker, dazu der Absturz des Aktienkurses des Bankhauses A&M haben die britischen Geheimdienste auf den Plan gerufen.

Und Commander Hemmings ist ihr bester Agent.

Der verbringt seinen wohlverdienten Urlaub in Brighton, als ihn ein Telegramm in die Metropole des MI 6 und MI 5 nach London holt.

Commander Hemmings hat aber auch noch eine brisante Vorliebe zu SM-Sex.

In einem Roman von Amelie und Hendrik Blomberg darf dieses Detail natürlich nicht fehlen.

ISBN E-PUB: 978-3-86332-172-7, 9,99€
ISBN Buch: 978-3-86332-050-8, 15,90€